ISBN 978-0-666-44386-1
PIBN 10657543

For support please visit www.forgottenbooks.com

Doctor Bahrdt

mit

der eisernen Stirn,

oder

Die deutsche Union

gegen Zimmermann.

Ein Schauspiel in vier Aufzügen,

von

Freyherrn von Knigge.

Vis unita fortior

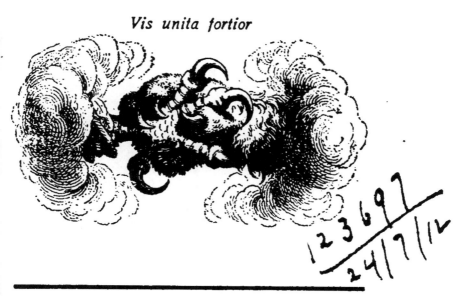

1 7 9 0.

Doctor Bahrdt

mit

der eisernen Stirn,

oder

Die deutsche Union

gegen Zimmermann.

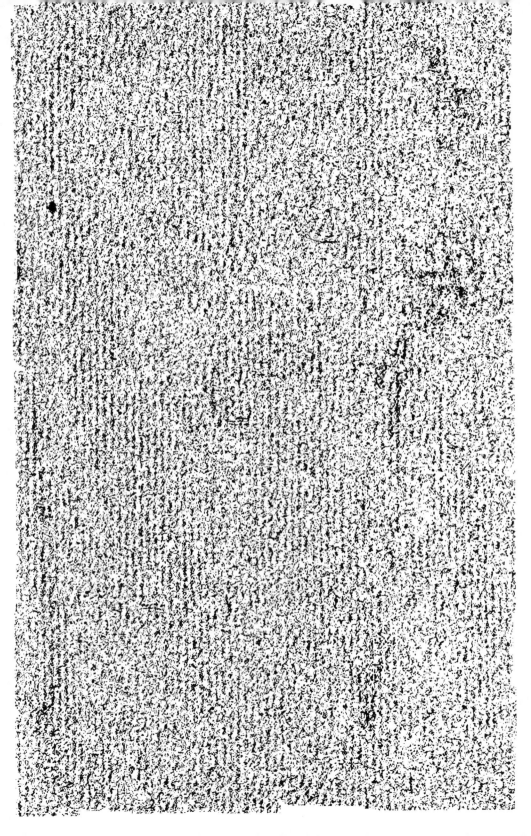

Zueignungsepistel

an

den Herrn Schauspieldirector
Großmann.

Gott zum Gruß! mein lieber Großmann! wenn Gott anders mit uns beyden etwas zu thun haben will. Ich bin sehr schwach und krank, mein letztes Stündlein naht, und da geht es mir, wie es unsers gleichen gewöhnlich zu gehen pflegt: das bißgen Gewissen rührt sich. Alle die alten Geschichten, zum Beyspiel, die Eheteufeleyen in Göttingen (und wer vermag die Sterne am Himmel zu zählen) stehen Rabenschwarz vor meiner Seele.

Unter andern, mein lieber Großmann! — er weiß wohl — haben wir uns schwer an dem braven Zimmermann versündigt, wenn wir uns so des Abends nach dem Essen miteinander hinsezten, und mit dem Viertelpfunde Witze, welches Gott uns verliehen hat, einen unerlaubten Wucher trieben.

Da habe ich nun alle meine Kräfte zusammengeraft, um wieder gut zu machen so viel ich kann, und hoffe, da Zimmermanns Großmuth mir aus tausend Beyspielen

be=

bekannt ist, er werde mir alle meine Thorheiten ver=
zeihen, auf daß ich ruhig sterben könne.

Die heilige lavatersche Salbung, welche hier in
Bremen herrscht, wo ich seit kurzem Drost geworden
bin, hat sehr viel zu meiner Bekehrung beygetragen.
Ihm lieber Freund! rathe ich, sobald er morgen Früh
aus dem Bette aufsteht, sich demüthiglich in Zimmer=
manns Behausung zu verfügen, damit dieser wahrhaft
große und gute Mann, die Hand, auf seine kahle Glatze
lege, und ihm alle seine winzigen Albernheiten verzeihe.
Nur unter dieser Bedingung, und da wir immer alte
Freunde und Spießgesellen gewesen, habe ich Ihn in
dieser lustigen Comödia nicht selbst mit auftreten lassen,
wie es sich doch gar eigentlich gebührt hätte. Nehme
Er sich aber in Zukunft wohl in acht, und sey Er keine
von den schmutzigen Fliegen, die sich nicht entblöden,
ihr Häuflein auf einen blanken Spiegel zu setzen.

Geschrieben zu Bremen am Tage des Erzengels
Michael 1790. von dem Erzschalk Knigge.

———————

Mot=

Motto.

Den Göttern sind Strafen bereitet, und Schläge auf der Narren Rücken. Sprüchw. Salomonis. Cap. 19. v. 29.

Sollt' ich aber darum ein Unflat seyn, weil wir euch und eures gleichen Unfläter, unflätig beschreiben? non sequit, sagt der Abt.

Fischart.

Spielende Personen.

Doctor Bahrdt mit der eisernen Stirn.

Der gute Biester.

Der wohlgezogene Gedike.

Der junge Büsching.

Der uneigennützige Campe.

Der feinlachende Trapp.

Der Achselträger Boje.

Der artige Klockenbring.

Der kleine geile Mondcorrespondenz Lichtenberg.

Der blinde Ebeling.

Der Heerführer Nicolai.

Der keusche Kästner.

Der arme Teufel Quitenbaum.

Der Leipziger Magister, Assistent des Vorigen.

Monsieur Liserin.

Der Zopfprediger Schultze.

Der kleine tapfere Mauvillon.

Der verkappte Blankenburg.

Doctor Luthers Geist.

Goldhagens Geist.

Ritter von Zimmermann.

Heinrich, dessen Bedienter.

Chor von Zeitungsschreibern, Journalisten und einigen masquirten Personen. Besonders zeichnen sich unter diesem Chor aus: Die Gothaische gelehrte Zeitung unter der Anführung des unbedeutenden Ettingers. Die Schulräthe Stuve und Hensinger. Der marionetten Prin-

cipal

cipal Schink. Dinandor der Kosmopolit. Der
Verf. des Sendschreibens an den Herrn Ritter von
Zimmermann, seine Schrift über Friedrich den Großen be=
treffend. Der Verf. der Widerlegung derselben Schrift.
Der Verf. der Schrift: Kann die Religion der Christen
abgeschaft werden? u. s. w. Eine Menge andere zu ge=
schweigen, die auch mit quäken.
Aufwärter, Huren, Himmlische Heerscharen. u. s. w.

——————

Ers=

Erster Aufzug.

Erster Auftritt.

(Der Schauplatz ist Doctor Bahrdts Zimmer, auf dem famösen Weinberge. Im Hintergrunde stehen seine Hausgötter, nemlich ein Lingam.)

Doctor Bahrdt mit der eisernen Stirn allein.

(Er sitzt und kaut an den Krallen. Seine eiserne Stirn schwitzt große Angstperlen, welche über die lederne Wange herab auf die schmutzige Wäsche träufeln, und allenthalben grüngelbe Flecken, gleich giftiger Materien, zurücklassen. Endlich knallt ihm ein Seufzer aus der hohlen Brust, über welchen er folgenden Commentar verlautbart:)

D! damals waren noch glückliche Zeiten [1] „als ich früh um „11 Uhr, wenn meine Kollegia aus waren, mir ein Tuch vorband, „in die Küche ging, und meine Sanceu, Schmelzungen u. s. w. „selbst machte. Ein delikater Tisch. Am Ende des Jahres hatte „ich nicht mehr als 300 Thaler Schulden. — Das brillanteste „Haus in Erfurt war das — Sie war die Geliebte des — Ich „war Liebling des Hauses, wo höchste Frechheit beym höchsten „Luxus herrschte. Sie ging mit ihren schönen Brüsten halb „nackend. Wenn ich kam küßte sie mich, und hielt mir die bloßen „Brüste zum Sattküssen hin. Das that sie auch mehrern. „Riedel war mit ein Haupthaksch."

[1] Siehe Bahrdts Leben von Pott, Seite 300.

Jene

Jene selige Zeiten sind nicht mehr! Will man Saucen machen, so muß man Butter kaufen; will man sich an bloßen Brüsten satt küssen, so ist es nicht mehr genug, ein Haupt= hackſch zu seyn, man muß auch Geld haben; obgleich Gedike meynt: verba valent sicut numi [1]). Ach! will denn kein Kürschner Kuhl mehr Hebräisch bey mir lernen [2]): Ist denn kein Doctor Laurentius mehr da, den man um eine Erb= schaft prellen könnte? [3]) Wie! oder soll ich wieder eine evan= gelische Sittenlehre Jesu schreiben, und sie an ein halbes Dutzend Buchhändler auf einmal verkaufen? [4])

In der Schulpforte läßt man mich den Esel tragen, und relegirt mich, nachdem man mir wegen meiner Ketzereyen und Klatschereyen unzählige Ohrfeigen und Nasenstüber mitgetheilt.

Von Leipzig, Erfurt, Gießen und Marschlinz fortgejagt, von Heidesheim durch Reichshofräthliche Verordnungen und durch Glaubiger entfernt, bin ich endlich bis zum Bier= und Coffeeschenken, bis zum Hurenwirth in Halle herabgesunken! Nichts will mir gelingen! Kein Heidesheimer Philantropin! Keine Pränumeration auf Übersetzung lateinischer Schriftsteller, die ich nicht verstehe! Kein Coffeehaus mit einer Loge ver= bunden! Keine deutsche Union! Kein Zweyundzwanziger will mir einen Thaler schicken, kein Fürstengünstling will Zwey= undzwanziger werden [5]). Nicht einmal der Buchhandel geht ein, um in die Hände der Union zu fallen, und wir, mehrere Tausende, besetzen weder Sekretariat noch Pfarrey,

1) Sieho die Berliner Monatsschrift. März 1789.
2) Siehe Bahrdts Leben von ihm selbst. S. 292.
3) Ebendaselbst. S. 337.
4) Siehe Bahrdts Leben von Pott. 254.
5) Siehe Berliner Monatsschrift. März 1789.

we=

weder Hofmeister= noch Nachtwächterstelle. Ach! das mögte noch Alles hingehn, wenn man mir nur den Thaler schickte, um welchen ich so höflich bat.

Mein Christingen, welche in jedem Betracht reizender ist, als das 40jährige Beest, welchem ich im 14. Jahre meine Erstlinge opferte; mein Christingen, welche, wie Hagar, das alte Testament in meinem Hanse vorstellt; [1]) mein Christingen, ein Bissen, desgleichen jene alte Kupplerin, Bels Freundin, mir nie geliefert hat, und um welcher willen sich meine Frau, so Gott will, von mir scheiden zu lassen gedenkt — Ach! auch sie verläßt mich! sie versagt es, mir ihren keuschen Schoos zu öfnen, weil ich kein Geld habe. Sie ist dabei grausam genug, mir die Lungenhiebe vorzuwerfen, die ich von Herls, Specht, dem Holländer, Gruner, und andern mehr erhalten. Sie erinnert mich an die Impertinenz, mit welcher ich die Wittenbergische Facultät einst angriff; an die alberne Unüberlegtheit, mit welcher ich die Erfurtische Professur einst niederlegte; sie lacht, wenn ich behaupte, ich hätte unzählige Freunde von Norden nach Westen und von Süden nach Osten; sie sagt, die ganze Welt verachte mich tief, tief, als einen schlechten Menschen und ungeschliffenen Esel; sie will vor Lachen sterben, wenn ich mich ganz bescheiden mit dem heiligen Geiste vergleiche; [2]) sie wagt es sogar zu mir zu sprechen, was einst mein Vater zu einem Dragoner Rittmeister in Dobrilugk sagte:

Wollüstig gelebt und hundsvoigtisch gestorben,
Heißt mit Leib und Seele verdorben;

[1]) Siehe Bahrdt de locorum veteris testamenti in nova accomodatione orthodoxa, Pag. 20, 21.
[2]) Siehe Bahrdts Leben von ihm selbst. S. 8.

sie

sie vergißt meine Verdienste, sie vergißt, daß ich schon als Knabe von 10 Jahren frisiren konnte, wie ein alter Geselle; daß ich sehr früh anfieng, meine Hofmeister gar witzig Narren und Esel zu schimpfen, oder sonst schmutzige Namen zu geben; daß ich schon in jungen Jahren mehr Methode Leute zu plagen gelernt habe, als mancher Zeitlebens nicht zu erfahren bekommt; daß ich immer auf Unkosten derer witzig war, die sich vermöge ihrer Hammels-natur nicht vertheidigen konnten; daß ich die ehrlichen Töchter des Tertius Henschel durch die Namen Posthans und Schub-wachs brandmarkte, als wären sie die meinigen; daß ich meinen 70jährigen Lehrer in der Mathematik, Maz rief; daß ich mir schmeichle, wüthend hassen zu können; daß ich sogar meinem alten Vater einst die geladene Pistole vor-hielt, mit der Drohung ihn vor den Kopf zu schießen; daß ich junge Eheweiber zu verführen suchte; daß man sich in den Disputatorien meiner Unverschämtheit mit Grobheit zu entledigen drohte; daß ich die Wechsel, welche ich an Huren und Kupplerinnen ausgestellt hatte, ihnen mörderisch wieder aus den Taschen riß; sie vergißt endlich, daß so oft ich Pelz-werk sehe ich nie ermangele in Brunst zu gerathen [1]), und doch — o ich habe viele Prügel in meinem Leben bekommen, aber keine haben mich so geschmerzt, als diese Schläge von der geliebten Hand!

Undankbares Vaterland! das mich ausstieß, weil ich einer Hure das schönste Kind von der Welt gemacht hatte; was wirst Du einst antworten vor dem Richterstuhl der Nachwelt,

[1]) Siehe Bahrdts Leben von ihm selbst. 40. 41. 73. 91. 92. 150. 151. 207. 245. 378. 47.

wenn

wenn sie mit Schaudern liest: Bahrdt! der große, deutsche Mann! der Aufklärer! der Bierschenke! hatte am Ende nicht mehr so viel, daß er die gemeinste Gassen= hure bezahlen konnte! indessen ein Mann, wie Johann Georg Zimmermann in Hannover, alles besizt was seinem Herzen gelüstet, da er doch nie eine evangelische Sittenlehre Jesu geschrieben, sondern aufs höchste nur so lebt, als sey sie ihm ins Herz geschrieben worden, welches jeder Bauer ihm nachkommen kann, wenn er Lust dazu hat. Ach! das drückt meine eiserne Stirn schwer zu Boden!

Zwar „kein Übel kann auf lange Zeit mich niederbeugen, „das ist das schäzbare Eigenthum meiner Seele, welches Mutter „Natur mir verlieh. Nur der erste Schlag geht durch und „durch! (selbst durch die eiserne Stirn!) und macht mich auf „einige Minuten nachdenkend (lange habe ich noch in meinem „Leben nicht nachgedacht.) Dann fallen mir gleich Anschläge „und Projecte ein, durch deren Ausführung ich mich wieder „schadlos halte.“

Nur jezt — eiserne Sttirn! eiserne Sirn! (er paukt darauf herum) willst auch Du, mein treuer Freund, mich in der Noth verlassen?

Doch halt! welch ein göttlicher Einfall elektrisirt mich! ich will ein Pasquill auf meine alte Mutter machen! Das ist ein ganz neuer Gedanke! und ich wette, daß ein paar tausend Exemplare von diesem Producte reißend abgehen werden. Bravo! Dabey bleibt es! wenn nicht der Zufall oder der Teufel, mich auf die Spur einer andern Erwerbsquelle leiten. — Der Teufel? — nein! — mit meiner eisernen Stirn biete ich dem Teufel Trotz, etwas höllischeres auszudenken.

Zwei=

Zweiter Auftritt.

Der Aufwärter.

Es ist ein Ding draußen, scheint ins Geschlecht der See-spinnen zu gehören, hat einen Katzenbuckel, ein Affengesicht, eine Menge Arme und Beine, Krallen daran, und ein Gebiß im Maule.

Bahrdt. O das ist mein kleiner Freund Lichtenberg aus Göttingen; führ' ihn herein.

Dritter Auftritt.

Der kleine gute Mondcorrespondent Lichtenberg und Doctor Bahrdt mit der eisernen Stirn.

(Bahrdt will den kleinen Lichtenberg umarmen, der ihm durch die Beine schlüpft.)

Bahrdt. Ey? ey! mein lieber kleiner Freund! woher des Landes?

Lichtenberg. Freund, Herr Doktor! — ich bin keines Menschen Freund. Auch sehe ich Sie heute zum Erstenmal.

Bahrdt. Was sehen! Freundschaft gründet sich auf Gleichheit der Gesinnungen. Ihr boshafter Witz wäre im Staude Ihnen den Teufel zum Freunde zu machen. Schlagen sie ein! (er reicht ihm die Hand.)

Lichtenberg (ihm seine Knochenhand reichend). Der Teufel segue diesen Bund!

Bahrdt. Amen! (er umarmt ihn ein wenig heftig, und stößt ihn mit der eisernen Stirn zu Boden. Entschuldigungen deshalb. Der kleine geile Mondcorrespondent Lichtenberg rafft sich auf).

Bahrdt. Welcher glückliche Zufall führt Sie über die Schwelle meines Tempels?

Lichtenberg (mit einem Blick auf den Lingam). Der Wunsch fremden Göttern nachzuhinken.

Scortatio muß seyn daheim
Denn sie ist mir all angenehm.
Insonderheit Scortatio
machet mein Herz lustig und froh [1]).

Ich habe Krallenhiebe ausgetheilt, und Peitschenhiebe eingenommen, ich habe ungelegte Eyer beschnüffelt, mich oft gekitzelt um zu lachen, und mir die Arme in die Seite gestemmt, um den Witz heraufzupressen, wie die Luft aus meiner englischen Luftpumpe. Daher ist denn endlich ein leerer Raum in meinem Gehirn entstanden, kein vernünftiger Gedank vermag mehr Athem darinn zu schöpfen. Auch die Korrespondenz mit dem Monde ist abgebrochen. Ich fange an mich zu langweilen, und habe an nichts mehr Freude, als an jener angenehmen und nützlichen physicalischen Erfindung des Kinderzeugens. Ich mache nicht selten Experimente, und zwar nicht wie Spallanzani, sondern auf die gewöhnliche Manier. Ein kleines Kuckfenstergen, vor welchem ich zu sitzen pflege, wie die Spinne im Mittelpunkte ihres Gewebes, dient mir auf Beute zu lauren. Freylich, so wie die Stifmutter Natur mich erschaffen, kann ich keine Liebesnetze ausspannen; aber ich fange in goldenen Netzen manches artige Insekt, nur mit dem Unterschiede, daß ich nicht aussauge, sondern ausgesaugt werde. Vor vielen Jahren schon hielt ich mir ein Mädchen von 11 Jahren, welche Blumenkränße feil trug.

[1]) Siehe Lichtenberg im deutschen Museum. August 1779. Pag. 152.

Sie wohnte in der Caßpühlen, und wir brachten wechselseitig Götternächte mit einander zu. Ich kleidete sie mit brittischer Freygebigkeit, unterhielt auch Papa und Mamma. Die Sache wurde aber endlich so notorisch, daß in der Schola puellarum meine Amasia ein Gespött der übrigen wurde, und der Herr Schulmeister sogar de fornicatione omittenda herrliche Ermahnungen ergehen ließ.

Seit der Zeit sind die Auflaurer und Spürhunde überall hinter mir drein gewesen. Ich muß meine Professorwürde retten, damit ich nicht einmal bey einer Mally Seagrim ertappt werde. Deßhalb nehme ich meine Zuflucht zu Ihnen, werther Herr Doctor! ich weiß, daß Sie eine Pflanzschule von gutherzigen Mädchen errichtet haben, die auch mit schlaffen Beuteln vorlieb nehmen, wenn es nur keine Geldbeutel sind.

Bahrdt (in Extase). Willkommen Seelenbrüderchen! Du sollst bedient werden!

Vierter Auftritt.

Aufwärter.

Es ist ein Herr draußen, der behauptet, er sey hochgelahrt, wisse Alles, und könne über Alles urtheilen.

Bahrdt. O das ist mein Freund Nicolai aus Berlin. Laß ihn hereinkommen.

Fünfter Auftritt.

Der Heerführer Nicolai. Die Vorigen.

Nicolai. Ihr Diener, meine Herren! ich komme eben von der Leipziger Messe, habe viel gehört von dem neuen

philan=

philantropiſchen Inſtitut, welches der Herr Doctor Bahrdt
in ſeinem Garten errichtet hat, habe 10 Bände Reiſen ge=
ſchrieben, die Niemand kauft und Niemand lieſt, weil ich ſamt
meinem Erſtgebohrnen jeden Dreck berochen, und folglich die
Pränumeranten geprellt habe. Da will ich nun einen Anhang
fabriciren, denn ich bin ein mächtiger Fabricant, und habe der
Fabriken gar viele, die meiſtens durch Ochſen getrieben werden.
In dieſem Anhang ſoll es mit Ihrem Inſtitut zur Sprache
kommen.

Bahrdt. Das nenn ich deutſch geſprochen! Willkommen
deutſcher Mann! (er ſchüttelt ihm die Hand.) Ich gebe Ihnen
mein Inſtitut und alle meine Mädchen Preis, doch unter der
Bedingung, daß Sie auch einmal ein hübſches Lob auf mich
fabriciren laſſen. Ich ſehe denn ſchon zu, wie ich mich einmal
wieder revanſchire.

Nicolai. Ganz wohl! ich werde meine Ordres ſtellen.

Bahrdt. Recht ſo. Das lockt die Käufer, dann löſt
Doctor Bahrdt Geld; und für Geld wären mir meine ein=
balſamirten Ureltern feil, wenn ich ein Egyptier wäre.

Sechſter Auftritt.

Aufwärter.

Es iſt ein kleiner bucklichter Kerl draußen, der ganz ver=
teufelt tapfer ausſieht [1]), und den Hut erſchrecklich kühn und
verwegen ins Geſicht gedrückt hat.

Bahrdt. Das iſt mein tapfrer Freund Mauvillon aus
Braunſchweig.

[1]) Siehe das Titelkupfer vor dem Diable boiteux.

Sie=

Siebenter Auftritt.

Der kleine Mauvillon. Die Vorigen.

Mauvillon. Solo. Allegro maestoso. Ich komme, um sie, meine Herren, sämtlich in tausend Granatbischen zu zermalmen, wenn sie nicht einstimmig bekennen, daß ich Mirabeaus würdiger Schildknappe bin.

Chor. Tremulando (wobey Lichtenberg den Discant singt). Wir bekennen es!

Achter Auftritt.

Monsieur Liserin schlüpft unangemeldet herein.

Monsieur Liserin. Meine Herren, ich komme ihnen zu sagen, daß ich zwar eigentlich Leuchsenring heiße; aber les français prononcent Leusering (Laeusering) et même Liserin. Dies große Wahrheit habe ich bereits durch alle meine Visitenkarten der Welt gemeinnütziger zu machen gesucht. [1]

Chor. Willkommen Monsieur Liserin!

Neunter Auftritt.

Aufwärter.

Es sind ein paar Herren draußen. Der Eine, ein kleines schwarzbraunes Männchen, blickt hohnlächelnd auf Gottes Schöpfung herab, und meynt, er hätte es wohl besser gemacht. Der Andere, ein Schulmonarch, welcher versichert, er sey, wie jener

---

[1] Siehe Leuchsenrings Visitenkarten.

Römer

Römer, hinter dem Pfluge weggenommen, und ihm ein Scepter in die Hand gegeben worden. Beyde haben mich hinten und forne berochen, und sich dann bejahend zugewinkt.

Bahrdt. Das sind meine werthen Freunde Gedike und Biester aus Berlin. Oeffne die Thöre weit! Laß die Ehrenmänner einziehen auf ihren Steckenefeln!

Zehnter Auftritt.
Der gute Biester und der wohlgezogene Gedike treten herein.

(Der gute Biester rollt einen Rechthaberblick rings umher, und erwartet die ganze Gesellschaft zittern zu sehen. Der wohlgezogene Gedike wirft beym ersten Kratzfuß einen Tisch mit Thüringer Porzellain um, und als er sein Versehen wieder gut machen will, stößt er mit dem Kopfe drey Scheiben ein.)

Bahrdt. Willkommen, meine Herren! in der Freystatt der verfolgten Tugend. Immer herein Sünder! Juden! Heyden! Spanier! Irokefen! Hottentotten! Südsee Insulauer! Alle sind mir willkommen! ich bin ein Cosmopolit.

Biester zu Gedike. Haben Sie es gehört? Zweifeln Sie noch daran, daß wir hier einen Schlupfwinkel der Jesuiten finden? Haben Sie seine Worte bemerkt? Juden, Heyden, Spanier, — J. H. S. Immer Herein Sünder! I. H. S. Irokefen, Hottentotten, Südsee Insulaner? — I. H. S. — Was bedarf es weiter Zeugniß!

Der wohlgezogene Gedike (brüllend). Recht Herr Mitbruder! wieder ein Beytrag zu den geheimen Gesellschaften [1]).

[1]) Siehe Berliner Monatsschrift dieses Jahres. (1790.)

Der

Der gute Biester. Herr Doctor, schon lang ist mir Ihr Garten verdächtig vorgekommen, und ich bin hier um zu untersuchen, welche Früchte Ihre Bäume tragen.

Bahrdt. Das will ich Ihnen sagen. Rosenknospen auf den Busen schöner Mädchen, Honig auf ihren Lippen und Waizenhaufen auf ihrer Nabeln.

Der wohlgezogene Gedike. Schwerenoth! Das ist prächtig.

Der gute Biester (dem Wasser mit Galle vermischt aus dem Munde läuft). Ich kenne diese Sprache, weiß auch, daß der Jesuitismus keinen Weg verschmäht, um sich im Finstern auszubreiten. 13758 von den Aerzten verlassene Patienten, die sich den Magen verdorben hatten, habe ich blos dadurch curirt, daß ich ihnen meine Jesuiten Geschichten so lange vorgekaut, bis Eckel und Erbrechen darauf erfolgte. Hier, denke ich, soll es mir nicht an Gelegenheit fehlen, 3 bis 4 Stücke meiner langweiligen und beissigen Monatsschrift anzufüllen. Ich will jede Ihrer Huren bis auf den Grund untersuchen, und die Jesuiten hervorhohlen, wenn sie auch in der Lympha lägen.

Der wohlgezogene Gedike (mit einer herkulischen Muskelbewegung). Ich will dir treulich beystehn. Herr Bruder!

Bahrdt. Nach Belieben meine Herren! nur die Taxe bezahlt, so mögt ihr meinethalben allen meinen Mädchen die Tonsur geben, wo ihr wollt.

Elfter Auftritt.

Aufwärter.

Es ist ein junger Mensch draußen mit grauen Haaren.

Bahrdt. Das ist der ehrwürdige Büsching aus Berlin.

Zwölf=

Zwölfter Auftritt.

Der junge Büsching tritt herein. (Die ganze Versammlung verbeugt sich ehrerbietig, wie die Indianer vor der Pagode zu Jaggernat, welche 4893 Jahre alt ist[1]).

Der junge Büsching. Bitte, sich um meinetwillen keinen Molest zu machen.

Bahrdt. Was steht zu Ew. Hochehrwürden Befehl?

Der junge Büsching. Sintemal und alldieweil ich in Erfahrung gebracht, welchergestalt der Herr Doctor Bahrdt durch einen seiner vertrautesten Freunde, vermuthlich einen Küchenofficianten am Königlichen Hofe, einen höchst eigenhändig geschriebenen Küchenzettel von des höchstseeligen Königs Friedrich des Zweyten Majestät, in seine Gewahrsam bekommen, ich aber zu dieser Frist gesonnen bin, die Reyhe der langweiligen Lebensläufe, mit welchen ich das Publikum gezüchtigt habe[2]), durch ein Meisterstück zu beschließen, indem ich den großen und thätigen Geist Friedrichs des Zweyten also und dergestalt zu schildern gedenke, daß er so klein als möglich erscheinen soll; als ergehet mein gehorsamstes Gesuch —

Bahrdt. Ich verstehe Ew. Hochehrwürden vollkommen, und werde alle Küchenzettel, die mein Haus vermag, in das Verließ Ihres Archivs abliefern. Unterdessen werden Sie die Güte haben, mit einer kleinen Collation aus meiner Küche und meinem Serail für einen mäßigen Preis vorlieb zu nehmen, zu welcher mein Christinchen recht königlich unortographisch den Küchenzettel selbst verfertigt hat.

Der junge Büsching (macht eine fromme Verbeugung und streichelt sich den Bauch).

[1]) Siehe Sonnerats Reisen irgendwo. [2]) Siehe unter andern: das Leben eines Fräulein von Ahlefeld, eines Grafen Lynar u. s. w.

Dr

Dreizehnter Auftritt.

Aufwärter.

Es sind ein paar arme Teufel draußen, welche wünschen hereingelassen zu werden.

Der arme Tenfel Quittenbaum (steckt den Kopf durch die Thür, und läßt sich wehmüthig also vernehmen:) Ich bin ein armer Tenfel.

Der Leipziger Magister, sein Assistent (ihm über die Schulder sehend:) Ich auch!. übrigens ein Leipziger Magister, so gut als Sie, mein Herr Doctor; nur habe ich noch kein Kind machen können, weil der Hunger mir in den Waden schlottert.

Bahrdt. So kommt nur herein! vielleicht findet sich für euch etwas zu thun. Könnt ihr hundertmal gesagte Arm= seligkeiten nachplaudern? erbärmliche witzige Einfälle wieder= kauen? könnt ihr im Finstern nach großen Männern schlagen?

Die beyden armen Teufel sehr freundlich. Im Finstern? o ja!

Bahrdt. Nnn so sollt ihr euch auch einmal satt essen. Tretet näher!

Vierzehnter Auftritt.

Aufwärter.

Ein Prediger, der die Heterodoxie in den Haaren trägt, folgt mir auf dem Fuße.

Bahrdt (ihm entgegen). Willkommen mein lieber Zopf= prediger Schulze! welcher gute Geist führt Sie unter die bösen Geister?

Der

Der Zopfprediger Schulze. Das Verhängniß, das Fatum, welchem der Mensch vergebens widerstrebt. Das Fatum wickelte mir diesen Morgen meinen steifen Zopf, reichte mir meine ledernen Hosen, spannte vier Pferde vor den Postwagen, wälzte mich darauf und schleppte mich hierher.

Bahrdt. Nun, das fatum hat auch für eine gute Mahlzeit, und für hübsche Mädchen gesorgt.

Der Zopfprediger Schulze. Ich widerstrebe dem Schicksal nicht.

Fünfzehnter Auftritt.
Aufwärter.

Es steigt ein Herr, ein wenig lendenlahm die Treppe her= auf, der frug mich, ob ich der Engel von dem Paradiese sey? und darauf stieß er mich mit dem Ellenbogen sehr artig in die Ribben.

Bahrdt. Das ist gewiß mein witziger und artiger Freund Klockenbring aus Hannover. Welch ein sympathetischer Zug bemeistert sich meines Herzens! er ist es, der boshafteste und grobste aller Witzlinge! Herein! witziger und artiger Klocken= bring! stürze doch in meine Arme!

Sechzehnter Auftritt.

Der witzige und artige Klockenbring stürzt in Bahrdts Arme. Beyder Stirnen berühren sich, und tönen, wie ein paar eiserne Kochtöpfe.

Klockenbring. Da bin ich zum Besten der Menschheit! in der wichtigsten Angelegenheit meines Lebens. Süßer Bahrdt! Die Natur hat uns zu Brüdern gestempelt! Stoße

deine

deine eiserne Stirn noch einmal gegen die meinige! (Bahrdt thut es, es sprüht Feuer aus beyden.)

Klockenbring. Der Bund ist geschlossen! Höre mein Begehren! Höre und hilf! Du weißt, daß ich das Polizey Departement in Hannover verwalte, und so viele Mühe ich mir auch gebe, den wichtigsten Zweig desselben, ich meyne die Hnren, immer sauber und rein zu erhalten; so bekomme ich doch alle Augenblicke die Franzosen. Da ich nun vernommen, daß man bey Dir, mein Seelenbrüderchen, ohne alle Gefahr huren kann; so bin ich ausdrücklich hieher gereist, um mich von dieser großen Wahrheit zu überzeugen, und wo möglich Dir das Geheimniß abzulauern, welches dich zum Beneidenswerthesten aller Doctoren der Theologie macht.

Bahrdt. Du sollst bedient werden; aber du mußt vorher Quarantaine halten.

Klockenbring. Was Quarantaine! ich bin erst kürzlich von den Franzosen curirt worden, welche das Publikum sehr trenherzig für eine schlimme Hämorhoidal Krankheit hielt. Ich bringe deinen Mädchen die Erstlinge meiner wiederkehrenden Krafft.

Bahrdt (durchs Fenster sehend). Da marschirt noch ein ganzer Schwarm von berühmten Männern auf mein Haus los. Jeder hat einen Nimbus um das Haupt, der immer kleiner wird, je näher er kömmt. Der keusche Kästner führt den Zug an. — He! Aufwärter! setze geschwind das Porcellain aus dem Wege, damit es nicht noch einmal umgeworfen wird. — Jetzt hält die ganze Schaar und schließt einen Kreis um den keuschen Kästner, der sich mit einem Fischweibe prügelt. Vermuthlich hat er ihr ein Epigramm in den Bart geworfen, welches sie nicht verdauen konnte. Dagegen scheint jener Karrenschieber, der dort unter dem zu=

sam=

sammengelaufenen Pöbel steht, und mit weitem Maule wie ein Nürnberger Nußknacker grinst, viel Gefallen an Kästners keuschen Witze zu finden. — Doch halt! — jetzt neigt sich der Sieg auf die Seite der liebenswürdigen Fischverkäuferin. Der keusche Kästner sezt, nachdem seine Amazonien ihm die Wangen mit ihren Händen, und die Nase mit ihren Fingern, ein wenig geschminkt, seinen Weg weiter fort.

Ihm folgt ein par noble fratrum, der uneigenützige Campe und der feinlachende Trapp. Des Erstern Großmuth gegen den braven Moritz in Berlin ist weltkundig, und alle Tenfel haben ihre Freude daran gehabt. Vor dem leztern nehmt euch in acht, er correspondirt mit dem Könige von England, und hat eine Menge Schreiber in seinem Solde! ja sogar die Geister berühmter Männer, sollen ihm so gut als Schwedenborg und Kagliostro zu Gebote stehn. Er sagt ihnen dummes Zeug vor, und sie plaudern ihm gedultig es nach.

Noch ein zweytes Paar beschließt den Zug. — Der rechter Hand ist der blinde Magister Ebeling, der sich auf Boje's Achsel stützt. Ihr müßt wissen, daß Boje zwey Achseln hat, auf welchen beyden er wechselsweise trägt. Der Verkappte da ganz hinten, heißt Blankenburg. Ihr seht, wie höflich ihm Boje seine zweyte Achsel anbietet.

Jetzt treten sie sämtlich in mein Haus. (Die ganze Versammlung richtet Erwartungsvoll ihre Blicke auf die Thür.)

Siebenzehnter Auftritt.

Der keusche Kästner. Der uneigennützige Kampe; de feinlachende Trappe. Der Achselträger Boje. Der blinde Ebeling und der verkappte Blankenburg treten herein.

Nach=

Nachdem die Herren sämmtlich Platz genommen, hört man plötzlich ein abscheuliches Geschrey auf der Straße, meistens von Knabenstimmen. Die Versammlung springt neugierig auf, rennt an die Fenster, stößt die Scheiben ein, und erblickt einen Haufen muthwilliger Straßenjungen, welche Zimmermanns Bild an einer Stange herumtragen, und mit Koth darnach werfen. Die Versammlung am Fenster applaudirt jubelnd. Als die Straßenjungen das hören, kommen sie sämmtlich herauf, und formieren das famöse Chor, dessen unter den spielenden Personen rühmlichst gedacht worden. An ihrer Spitze steht der unbedeutende Ettinger aus Gotha, welche von dem kleinen geilen Lichtenberg freundlich grinsend bewillkommt wird.

Bahrdt. Mit Erlaubniß meine Herren! ich bin den Augenblick wieder bey ihnen. Ich will nur sehn, was Küche und Keller vermögen, und ob meine gutwilligen Mädchen schon angekleidet sind. (Er geht ab.)

Als er fort ist, beginnen sämmtliche hohe Gäste sich untereinander zu loben. (Siehe Erasmus Lob der Narrheit, die Vignette, wo die beyden Eselein sich an einander reiben, und ihre Köpfe gar treulich einer auf des Andern Rücken legen.)

Es dauert aber nicht lange, so fangen Biester, Campe und Nicolai an zu brummen, weil sie nicht genug gelobt werden. Das Brummen steckt die übrigen an, und in wenig Minuten brummen sie alle. Nachdem auf diese Weise der Donner eine Zeitlang in der Ferne gegrummelt, erfolgt plötzlich ein Hagelschauer und das Gewitter schlägt ein.

Plumper Witz wird herum geschnippt, wie Kirschkerne aus der Hand muthwilliger Gaßenbuben. Boshafte Anspielungen, stinkendes Selbstlob, großthuerische Erbärmlichkeiten, strömen wie Lava, und ergießen sich über alle Felder, wo hin und wieder ein guter Nahme blüht. Endlich nehmen sich die Herren bey den Köpfen. Es entsteht eine fürchterliche Schlacht, in welcher der arme blinde und taube Ebeling abscheuliche Prügel bekömmt, ohne zu wissen wohin? noch warum? Der gute Biester reißt dem jungen Büsching

die

die Perücke vom Kopfe, um zu sehen, ob er eine Tonsur hat. Der wohlgezogene Gedicke thut bey dem artigen Klockenbring einen unerlaubten Griff, und behält den abgefaulten Gegenstand des Griffes in der Hand. Der Heerführer Nicolai ist des Satans Engel, der den kleinen geilen Mondcorrespondenten Lichtenberg mit Fäusten bläut und dagegen vom Zopfprediger Schulze Püffe erhält, dessen Zopf der arme Teufel Quitenbaum um seinen Arm gewickelt hat, und sich damit gegen den Leipziger Magister, seinen Assistenten, wehrt. Die beyden Schulräthe Trapp und Campe sitzen unter dem Tische, und empfangen von dem Achselträger Boje Fußtritte, welcher von dem keuschen Kästner Arschtritte empfängt. Der kleine tapfere Mauvillon reitet auf Monsieur Liserin. Das ganze Chor ist bewegt, wie eine Mistpfütze, in welcher die Guten herumpatscheln. Der unbedeutende Ettinger wird mit Füßen getreten.

O großer Chodowiecky! wenn dieses Bild dich nicht begeistert, so ist der Götterfunke in deiner Brust verloschen. Greife schnell nach dem Griffel, mache Kalenderkupfer daraus, und laß dann Archenholz die Geschichte des siebenminutigen Krieges dazu schreiben; denn gerade sieben Minuten dauerte diese schreckliche Fehde.

Da trat herein Doctor Bahrdt, stieß mit der eisernen Stirn Alles zu Boden, was ihm in den Weg kam, und brachte durch diese bewaffnete Neutralität Alles wieder in die gehörige Ordnung.

Bahrdt. Meine Herren! was ist das? — Sie verschwenden die edlen Kräfte, vor welchen vereinigt, geliebt' es Gott! noch mancher ehrliche Nahme zu Boden stürzen soll. Da ich sie alle so rüstig und streitbar sehe, so erlauben sie mir, ihnen einen Vorschlag zu thun, dessen Ausführung die Beutel füllen, und uns von einem unerträglichen Menschen befreyen wird. (Die ganze Versammlung spitzt die langen Ohren.) Sie kennen doch sämmtlich den Ritter von Zimmermann in Hannover?

Chor der ganzen Versammlung. Leider kennen wir ihn!

Bahrdt

Bahrdt. Sie wissen, wie dieser Mann allen Ruhm an sich reißt, wie Kaiser und Könige ihn mit Ehre, und was das schlimmste ist, mit Geschenken überhäufen.

Chor. Leider wissen wir es!

Bahrdt. Sie wissen doch auch — (mit einem Seufzer) daß er es verdient?

Chor (laut seufzend). Leider fühlen wir es!

Bahrdt. Nun wohlan! auf! ihr tapfern Streiter! greift zu den Waffen! fallt über ihn her! stecht ihn! zwickt ihn! kneipt ihn! heimlich! von hinten! von der Seite! von unten! und ich mit der eisernen Stirn packe ihn von forne und spreche Deutsch mit ihm.

Chor. Halloh! Halloh! zu den Waffen! zu den Waffen!

Bahrdt. Mein unmaßgeblicher Vorschlag wäre folgender: —

Der kleine geile Mondcorrespondenz Lichtenberg (fällt ihm in die Rede). Halt meine Herren! ehe wir weiter rathschlagen — (er hat unterdessen ein Eudiometer hervorgezogen, mit welchem er Experimente macht). Wir hauchen sammt und sonders so viele verpestete Luft aus, daß wir todt zur Erde stürzen müssen, wenn wir noch fünf Minuten in diesem engen Zimmer verweilen.

Bahrdt. So folgen Sie mir sämmtlich in den Garten! Dort wollen wir unsern Pestschwangern Hauch in Gottes freye Luft schicken, daß gleich der italiänischen Hundegrotte, die Vögel, die über uns wegfliegen, todt herab fallen sollen.

———————

Zwey=

Zweyter Aufzug.

(Der Schauplatz ist in Bahrdts Garten. Es sieht daselbst aus, wie in Elysium (siehe Fontenelle Todtengespräche), wo Cato und Socrates sich unter die Lais und Phrynen mischen. Der kleine geile Mondcorrespondent Lichtenberg liegt im Graben, und liest einer Nymphe die Experimentalphysik, welche aber seinen Vortrag sehr trocken findet. Hier verfolgt der keusche Kästner, den die herunterhängenden Beinkleider am Laufen hindern, eine fliehende Schöne, und wiehert ihr nach: „Daphne! Daphne! fliehe nicht deinen Apoll!" Dort demonstriert der gute Biester dem wohlgezogenen Gedike, was griechische Liebe sey. Hier stolpert der blinde Ebeling über einen Maulwurfshügel, und fällt mit der Nase gerade auf den Mittelpunkt des unbescheiden enblößten Hintertheils des bescheidenen und uneigennützigen Campe, welcher eben beschäftigt ist, einer lieben Tochter uneigennützige väterliche Rathschläge zu ertheilen. Dort windet sich, gleich einer Kupferschlange, der Zopf eines Predigers aus dem Grase hervor, indessen seine kühne Hand, gewöhnt den Vorhang von der Ewigkeit aufzuziehen (siehe die eitle Titelvignette vor seiner Sittenlehre für alle Stände), sich mit Hinwegräumung eines gewissen andern Vorhangs beschäftigt.

Hier macht der artige Klockenbring, am Abhang eines Hügels, die wichtigsten Fortschritte in den Mysterien der Bordellpolizey; und dort hält der Heerführer Nicolai, welcher Alles weiß, Alles besser weiß, und Alles am besten weiß, eine Vorlesung über die Freuden der Liebe, beklagt die Blattläuse, welche sie ganz entbehren müssen, und beneidet die Schaalenthiere, welche sie doppelt genießen. Die Nymphen des Hayns, welche ihn umgeben, wenden endlich dieser Blattlaus mit Hohngelächter den Rücken und fliehen zu den Schaalenthieren Trapp und Boje, welche im Dunkel eines

Tannengebüsches mit ihnen verschwinden. Monsieur Liserin er=
gießt eine Flut von Süßigkeiten über ein hübsches Judenmädchen,
welchem er Heiratsvorschläge thut, unter der Bedingung, daß sie
eine Jüdin bleiben soll. Seine schwimmenden, wässerigen, wol=
lüstigen Augen, seine markigen Gliedmaßen und sein philosophisches
Geschwätz, wodurch die Weiber sich für erstaunlich erleuchtet halten,
machen, daß man seine übrige Schulmeistergestalt vergißt. Auch ist
er hier vor Göthen und dem Pater Brey in Sicherheit[1]). Der
kleine tapfere Mauvillon sitzt, von Siegen müde, unter dem
Stocke seiner Besiegten, und athmet Wohlgerüche ein. Das Chor
wälzt sich in bunten Gruppen.

Doctor Bahrdt mit der eisernen Stirn, steht in der
Ferne, und berechnet mit Janus Lächeln an den Fingern den Ge=
winn, welchen er von diesen Orgien ziehen wird. Endlich, als er
glaubt, seine lieben Gäste mögen wohl des Guten genug gethan
haben, zieht er einen Hammer hervor, und schlägt damit dreymal
an seine eiserne Stirn, welches einen Ton von sich giebt, wie die
ehernen Becken des Orakels zu Dodona.

Auf dieses Zeichen versammelt sich die ganze ehrbare Gesell=
schaft auf einem runden Platze, in der Mitte des Gartens. Dieser
Platz seufzt unter der Last eines Tisches, welcher unter der Last
von 300 Weinflaschen seufzt. Man lagert sich, ein Jeder nimmt
sein Liebchen auf den Schooß, Doctor Bahrdt erhebt sein Stimme:)

Der Weise gebraucht seine Kräfte, der Thor ver=
schwendet sie. Meine lieben Brüder! nachdem wir die
körperlichen Bedürfnisse befriedigt, so laßt uns nun auch dem
Hange unsers Herzens folgen; Laß uns liebreich über ihn her=
fallen, über den Mann, dessen Ruhm uns blutige Wunden
schlägt. Laßt uns seinen guten Nahmen zermalmen, seine Ehre
begeyfern, laßt uns deutsch mit ihm sprechen! Ich, zum
Beyspiel, will ihm sagen, daß er kein Ritter, sondern ein
Troßbube ist. (Siehe Bahrdts Pasquill gegen Zimmermann.)

[1]) Siehe Göthens Fastnachtsspiel.

Nicolai. Freund Bahrdt! meynt ihr nicht auch? wenn das deutsch ist, so ist es doch auch verzweifelt grob! und mann sollte sich beynahe schämen ein Deutscher zu seyn.

Bahrdt. Ha! ich merke, ihr seyd noch nicht in der richtigen Stimmung. Frisch auf! greift zu den Gläsern! um deutsch zu reden, müssen wir ganz Deutsche werden. Nun wißt ihr aber, daß *Tacitus,* an welchem ich mich auch einmal versündigt habe, erzählt, daß unsre Väter ihre heldmüthigsten Entschlüsse im Rausch faßten, und hernach nüchtern noch einmal durchdachten. Diese löbliche Gewohnheit laßt uns befolgen, da wir im Begriff stehen, eine deutsche Union gegen Zimmermänn zu stiften (in Begeisterung nach den vollen Humpen greifend).

Trinkt! Brüder trinkt!
So lange noch Tropfen
Im Glase blinkt!

Chor. Ecce quam bonum, bonum et jucundum etc.

Sämmtliche Verschworene saufen wie die Prälaten. In fünf Minuten sind die 300 Flaschen leer, und werden durch 300 andere ersezt.

Der uneigennützige *Campe* lallend zu dem feinlachenden *Trapp.* Was meynst du Brüderchen? Da wird es was für uns zu lachen geben, besonders für dich, der du eine so feine Lache hast. (Siehe das Braunschweigische Magazin.)

Der blinde *Ebeling* (entrüstet, da er bekanntlich gar eyfrig über die Reinigkeit der deutschen Sprache wacht). Lache ihr Herrn? Eine Mistlache also? denn nur in diesem Verstand kann das Substantivum Lache gebraucht werden.

(Trapp und Campe prügeln den blinden Ebeling windelweich, um ihm die große Wahrheit einzuprägen: daß man die Wahrheit nie sagen muß, einem Gelehrten noch weniger als einem Fürsten.)

Doc=

Doctor **Bahrdt** mischt sich endlich mit seiner eisernen Stirn unter die Streitenden, und theilt Stöße aus wie ein Bock. Seine Argumente sind so kräftig, daß die Ruhe bald wieder hergestellt ist. Darauf nimmt er das Wort:

„Ihr großen hier versammelten Männer! wenn wir auf=
„richtig seyn, und uns keiner übertriebenen Bescheidenheit
„schuldig machen wollen; so müssen wir gestehen, daß die
„größten Männer Deutschlands hier auf diesem Platze ver=
„sammelt sind."

Chor. Ja, das müssen wir gestehen!

Bahrdt. Wohlan denn! ihr unsterbliche Deutsche! mögt ihr es leiden, das Kaiser und Könige (er schlägt ein Schnippchen) nicht so viel nach euch fragen, indessen der gottlose Zimmer= mann im vertrauten Briefwechsel mit der größten Monarchin und größten Frau der Erde steht?

Chor (mit den Zähnen). Knirsch! Knirsch!

Bahrdt. Daß Friedrich der Einzige ihn zu seinem Krankensessel ruft, und mehr als Medecin mit ihm spricht?

Chor (mit den Zähnen). Knirsch! Knirsch!

Bahrdt. Daß seine Schriften verschlungen werden, in= dessen man die unsrigen nur kaut, und manche gar wieder ausspeyt?

Chor. Knirsch! Knirsch!

Bahrdt. Daß er niedlich möblirte Zimmer, getäfelte Fußböden, eine wohlbesezte Tafel und guten Wein im Keller hat? indessen ich, und der Leipziger Herr Magister, und der arme Teufel Quitenbaum, und mehrere unter uns, kaum einen Krug Bier und eine Pfeife Brandenburger Knaster bezahlen können?

Chor. Knirsch! Knirsch! Knirsch!

Bahrdt. So recht! das ist die Stimmung, in welche ich euch zu versetzen wünschte. Wer über gewisse Dinge die Geduld nicht verliert, der hat keine zu verlieren. So schwört mir denn, diesen unsern gemeinschaftlichen Feind, diesen Dorn in unserm Auge, diesen Pfahl in unserm Fleische, zu necken und zu verfolgen, überall wo ihr ihn erreichen könnt. Wer noch ein Bißchen Witz vorräthig hat, der sey witzig! und bey wem diese Waare ausgegangen ist, oder wer sie nie führte, — nun der sey grob! — Möge dann Zimmermann noch so ein braver, biederer Mann seyn, mit Witz läßt sich auch die Bibel lächerlich machen, warum nicht Er? Und ist er vernünftig — desto besser für uns! so schweigt er, wenn wir grob sind.

Klockenbring. Recht gut, er wird schweigen, darzu kenne ich ihn. Aber wenn nun einer von den Tausenden, denen Zimmermann das Leben gerettet, oder denen er die Gesundheit wieder gab, über unsere Union ergrimmt, aus Gefühlen der Dankbarkeit die Kenle, oder auch nur eine Peitsche ergreift, und uns sammt und sonders windelweich ballt, wie so eben dem blinden Ebeling von dem uneigennützigen Campe und dem feinlachenden Trapp wiederfahren ist —

Bahrdt. Ach warum nicht gar! Keiner wird es wagen in unser Weßpennest zu stechen. — Auf! schwört mir! Bundestreue! und Einigkeit der Hölle, wenn sie eines Heiligen sich bemächtigen will!

Chor. Wir schwören!

Bahrdt. Halt! wir müssen diesen Schwur noch feyerlicher machen (zu einem Paar lüderlicher Dirnen). Hohlt den Lingam herbey! (Die Dirnen hohlen den Lingam und setzen ihn auf den Tisch.) Dieser Lingam, meine Herren, ist eine der vornehmsten Gottheiten Indiens. Sie sehen, es sind die ver=

einig=

einigten männlichen und weiblichen Zeugungsglieder. Junge,
aufblühende Mädchen waschen diesen Gott in Milch, und be=
kränzen ihn mit Blumen. Auch wir versagen unsere Ehr=
furcht nicht diesem Gotte, dessen Geist durch die allbelebte
Natur weht. Auf ihn laßt uns den Schwur des Bündnisses
ablegen.

Ein jeder lege seine rechte Hand auf diesen künstlich ver=
fertigten Lingam, und fasse mit der Linken den halben Lingam,
den er auf dem Schoose hält. Ihr Mädchen aber, ergreifet
die andere Hälfte, wo ihr eine findet! und in dieser feyer=
lichen Stellung empfanget, ihr fürchterlichen Mächte des Erebus!
den Fluch eurer gelehrigen Zöglinge, ausgesprochen gegen einen
Mann, dessen Ruhm uns gräßlicher peinigt, als eure Schlangen=
Geiseln je vermocht haben! Peitscht ihn her! den Verbrecher!
daß er falle unter unsern Streichen!

Chor der ganzen Versammlung. Er falle!

Bahrdt. Und seinen Fall besinge das Hohngelächter
der Hölle!

Chor (Zähnefletschend). Ha! ha! ha! — ha! ha! ha!

Accompagnement von höllischen Geistern unter
der Erde. Ha! ha! ha! — ha! ha! ha!

Drit=

Dritter Aufzug.

Der Schauplatz ist noch im Garten. Sämmtliche Verschworne
sind tüchtig besoffen, taumeln und krakkelen, blinzeln uud rülpsen.
Der wohlgezogene Gedike hält Lichtenbergs Maul für einen Kammer=
topf und will ihm mit Gewalt hineinpissen. Der keusche Kästner,
der sonst nur einen Schwall von Epigrammen zu machen pflegt, läßt
diesmal einen nicht mehr noch minder ekelhaften Schwall von halb=
verdauten Victualien strömen, und da der Achselträger Boje be=
reits am Abhang eines Hügels schnarcht, und dabey die üble Ge=
wohnheit hat, das Maul ein wenig weit aufzusperren, so empfängt
er den ganzen sauerriechenden Strom, wie ein ächtes Glückskind,
im Schlafe. Wohl bekomme es ihm!

Der uneigennützige Campe verrichtet seine Nothdurft ganz
dicht vor der Nasenspitze seines schlafenden Collegen, des fein=
lachenden Trapp, und reinigt sich mit einem Stück der Berliner
Monatsschrift, welches er dem guten besoffenen Biester aus
der Tasche gezogen, wovon er aber Giftblasen im Hintern bekommt.
Der artige Klockenbring hat sich in einen Schweinestall retirirt,
wo er sanft unter seinen Brüdern ruht. Der Heerführer Nicolai
taumelt neben einem Bienenstock nieder, und wähnt, die Bienen
sollen ihm Honig aufs Maul tragen, wie jenem berühmten Griechen.
Der Zopfprediger Schulze liegt auf einem Misthaufen, und
träumt, er ruhe auf einem Berge von Maculatur seiner Schriften.
Der blinde Ebeling, der junge Büsching, der kleine tapfere
Mauvillon und der Leipziger Magister, haben sich zu einer
Whistpartie gesetzt. Keiner von ihnen hat honneurs anzugeben.
Monsieur Liserin, der große Weiberjäger, kräht mit lallender
Zunge und schwimmenden Augen, dem armen Teufel Quiten=
baum seine Erörterungen vor, der ihm bey jeder neuen Periode

ins Ge=

ins Gesicht rülpst, und jedesmal sehr höflich um Verzeihung bittet. Der unbedeutende Ettinger wälzt sich mit seiner Schaar auf faulen Birnen herum, die er für Recensionen hält, und emsig in die Tasche sammelt, um sie gelegentlich gegen größe Männer zu schleudern.

Doctor Bahrdt mit der eisernen Stirn ist zwar auch ein wenig benebelt, da er aber 7 Flaschen ausstechen kann, ohne zu taumeln, so hält er sich noch so ziemlich auf den Beinen. Seine Huren schleichen unterdessen zwischen den Schlafenden herum, und escamotieren ihnen die Beutel aus den Taschen.

Nach Verlauf einiger Stunden zertheilen sich die schweren Dünste, die Schläfer erwachen und gähnen: Ja! Ja!

Doctor Bahrdt zieht einen Hammer hervor, schlägt dreymal an die eiserne Stirn, und halb schlaftrunken taumeln die großen deutschen Männer herbey, sich aufs neue um die runde Tafel zu lagern.

Bahrdt. Nun ihr Herren! jetzt gilts! ein jeder von ihnen beliebe seine Meynung an den Tag zu legen.

Der wohlgezogene Gedike. Ich Affe des Grafen Stollberg — (Siehe Berliner Monatsschrift März 1789) will höchst witzig die Worte mit einer Münze vergleichen, und das Oellämpchen unserer Aufklärung gegen jede Zugluft in Schutz nehmen.

Dann wollen wir vereinigt Zimmermann einen plumpen Schimpfredner nennen (Ebendas. April 1789) und ihn durch die Kaiser Valens und Valentinian zur Infamie con-demniren lassen. Wir wollen seine Standeserhöhungen, wor-über wir aus Neid des Teufels werden mögten, mit gerümpfter Nase plötzliche nennen. Ueberhaupt sey unser aller Grund-satz, so oft wir ihn Herr von Zimmermann nennen, das von in zwey Klammern zu schließen: [von] als ob wir seinen Adel bezweifelten. Denn ob es gleich leider nur allzuwahr

ist, und

ist, und wir dadurch entweder eine hämische Bosheit, oder
eine alberne Unwissenheit verrathen, so kann uns doch niemand
eben zumuthen, die Statuten des wladiner Ordens gelesen zu
haben, obgleich sie gedruckt sind. Wir können uns daher immer
mit der Unwissenheit entschuldigen, und der ganze Vorwurf,
den man alsdann uns machen könnte, wäre höchstens, daß
wir von Dingen gesprochen, die wir nicht verstanden, oder
aus Neid und Mißgunst nicht verstehen wollen, welches uns
ohnehin gar oft wiederfährt. Da überdieß natürlicherweise
die russische Kaiserin unsere beissige Monatsschrift nicht liest,
so sind wir auch sicher, daß der Mangel des Respekts, den
wir durch eben diese Klammern an den Tag legen, ungeahndet
bleiben wird.

Ferner wollen wir ihn einen Nachrichter, einen Syko-
phanten, einen Staatsfiskal nennen, und gelegentlich
unsern Mitverschwornen, den kleinen tapfern Mauvillon, als
einen edeln Mann herausstreichen, denn auf ein paar Worte
mehr oder weniger kommt es uns nicht an. (S. 384.)

(Der kleine tapfre Mauvillon bedankt sich, indem er
seinen gewaltigen Hut abnimmt, und einen Sprachmeistermäßigen
Kratzfuß macht).

Der gute Biester (fährt fort): Auch hämisch soll er
gescholten werden, und vorrücken wollen wir ihm, er übe sich
trotz Mirabeau, in dem Talent zu schimpfen.

Hernach will ich, der wohlgezogene Gedike, mich
ganz fürchterlich zermartern, um es einem unserer Mitverschwornen gleich zu thun, der ein paar französische Zeilen auf
Zimmermann anwandte, und wenigstens das Verdienst dabey
hatte, das Bischen Witz mit französischer Leichtigkeit hinge-
worfen zu haben. Ich Schulpedant aber, will mich drey Tage

und

und drey Nächte in den schmutzigen Band) meiner Studier=
stube setzen, und den armen Horaz so lange zwicken und zwacken
und zerren, bis ich ein paar jämmerliche Anspiegelungen her=
ausgezerrt habe. (Berliner Monatsschrift April '89.) Die
will ich denn brav recken und ziehen wie eckelhaften Schleim,
theils weil es ein paar Blätter mehr ausfüllt; theils weil ich
mir selbst sogar sehr wohl dabey gefalle, und weil mir alle
meine Einfälle so gewaltig schnakisch vorkommen, und meiner
Frau auch. Ich kann zugleich das Vergnügen genießen, meine
Belesenheit zu zeigen, und das ganze Publikum als Schüler
zu behandeln, denen man ein Pensum hundertmal vorkant.

Ich will unter andern sagen, ha! ha! ha! Zimmermann
habe eine mala scabies, ha! ha! ha! morbus regius das
will ich durch Gelbsucht übersetzen, ha! ha! ha! will ihm
Merkurius (den deutschen Merkur) dagegen verschreiben,
und die Schwefelcur der Satyre, denn meine Satyre
stinkt würklich nach Schwefel, ha! ha! ha! Ich will sagen,
seine Geschwüre juckten ihn besonders zur Nachtzeit,
weil ich glaube, er schreibt viel bey Nacht, und weil ich die
Aehnlichkeit mit der Krankheit herbeyzerren muß, ha! ha! ha!
ich will ihm Seeleninfarctus Schuld geben, Windepede=
mio, ha! ha! ha! will ihn den Ritter vom Löwenzahn,
den heiligen Ritter Georg nennen, und mit dem heil.
Hieronymus vergleichen, ha! ha! ha! will auch den Ge=
heimen Rathen Jacobi und Schloffer nebenher einige
Krallenhiebe versetzen, denn es sind Biedermänner, die wir
nicht müssen aufkommen lassen, wenn unsere Aufklärung uns
noch ferner Geld eintragen soll. Ich will Jacobi mit dem
Orion vergleichen, und ihm sagen, er habe einen Nebel=
flecken. Ist das nicht erschrecklich witzig? Ha! ha! ha!

Alles

Alles dieses will ich bis zum Eckel mit Allegaten aus allerley Büchern belegen, um meine erstaunliche Gelehrsamkeit zu zeigen ha! ha! ha! und am Ende will ich noch ganz bescheiden sagen: daß kein Mensch gegen die Berliner Monatsschrift aufkommen könne, ha! ha! ha! — Aber so lachen Sie doch meine Herren! Finden Sie denn nicht Alles, was ich da gesagt habe, ganz verteufelt witzig?

Chor. O ja! wenn Sie so befehlen. Ha! ha! ha!

Der gute Biester. Ein Mann von Erziehung, der im Umgang mit der großen Welt gelernt hat, was Witz ist, wird freylich nur die Achseln über solchen pedantisch plumpen schwerfälligen Trampelthierwitz zucken; aber für solche Leute schreiben wir auch nicht. Ich wette dagegen, daß alle Schulmeister in den Preussischen Landen eine große Freude darüber haben werden. Bekanntlich haben überhaupt, wenn von Witz die Rede ist, wir Deutsche das Wort und die Franzosen die Sache.

Ferner soll der Hofrath Zimmermann in Braunschweig ganz unverhofft zu der Schande kommen, gar gewaltig von uns gelobt zu werden (Berliner Monatsschrift April 1790) bloß deshalb, weil es sich so artig trifft, daß er auch Zimmermann heißt, und das immer zu nachtheiligen Vergleichungen für den Hannövrischen Zimmermann Gelegenheit giebt. Wir wollen jenen einen Untersucher, und diesen einen Erdichter nennen, wollen sagen: dieser sey durch Wahrheiten berühmt, und jener durch Lügen; wollen ihn einen irrenden Ritter nennen (denn mit dem Worte Ritter treiben wir unsern Spaß gar gewaltig, und können gar nicht wieder davon aufhören, weil es uns so grimmig ärgert) wollen ihn fragen: ob er nicht so gut seyn will, sich vor

uns

uns jämmerlichen Kerls zu schämen? und weil wir schon
vorher wissen, daß er sich vor uns nicht schämen wird, so
wollen wir keck behaupten: er könne sich gar nicht schä=
men, er habe, so wie Lavater, allen Sinn für den
Unterschied des Schimpfens und Nichtschimpfens
verlohren, kurz, er sey aller Schaam abgestorben,
und werde nun Starck der Zweyte.

Dabey wollen wir witzig anmerken, man könne bereits
eine bibliotheca Zimmermanniana sammeln, von
allem, was gegen ihn geschrieben worden, und wollen
uns stellen, als wüßten wir nicht, daß wir selbst gar oft und
jämmerlich zusammen gehauen worden, wollen sagen: Die
guten Köpfe in Deutschland hatten Gelegenheit, sich
in der Satyre und Ironie an diesem Manne zu üben,
weil wir nicht hoffen, daß es etwa einem einfallen wird, die
Geisel auch über uns zu schwingen. —

Der wohlgezogene Gedike (ihm ins Wort fallend). Ja,
und am Ende will ich noch einmal recht witzig seyn, ha! ha!
ha! Da soll meine Frau was rechts zu lachen kriegen. Ich
will sagen: Der Ritter Georg fechte gegen den Lind=
wurm der Berliner Aufklärung; habe es in der Kunst
sich zu übereilen eben so weit gebracht, als in der
Kunst zu schimpfen; könne das Licht nicht gut ver=
tragen (nemlich unsere stinkende Oellampe); verstehe die
große Glocke gut zu läuten, u. s. w. Ha! ha! ha!¹).

Chor. Wenn Sie so befehlen, ha! ha! ha!

Der gute Biester. Nun meine Herren! ist alles das
euch grob, seicht und albern genug?

¹) Siehe die Berliner Monatsschrift von 1789, März und
April, und 1790, März, April und Juny.

Chor

Chor. Recht so! recht so!

Bravo! Bravo!

Dignus es intrare

In malo nostro corpore. [1]

Bahrdt. Vivat sequens!

Der Heerführer Nicolai. Ich will eine Stelle aus einem Briefe Friedrichs des Zweyten an seine Schwester drucken lassen, welche also lautet:

Le Medecin d'Hannovre a voula se faire valoir auprès de vous; und

il m'a été inutile.

Zwar, wer Zimmermanns erstes Buch gelesen hat weiß freylich wohl, daß er selbst sehr bescheiden über diesen Punkt spricht, und daß er die alte Frau nun nicht durch traurige Nachrichten niederschlagen wollte; aber alle Leute haben das nicht gelesen, oder erinnern sich dessen nicht mehr, und daher ist es immer hämisch genug, und wird einen allerliebsten übeln Eindruck machen.

In Ansehung des eingeklammerten von und des Spottes über seine Standeserhöhung, bin ich ganz der Meynung meiner würdigen Mitverschwornen, des guten Biester und des wohlgezogenen Gedike. Denn ob er gleich selbst in seinem Sendschreiben an den Dänischen Regimentschirurgus Hempel, sich „über Fraßen des Ranges" lustig macht [2], so

_____

[1] Siehe Moliere, Malade imaginaire.

[2] Es heißt daselbst: „Ich — soll auf Fraßen des Ranges sehen? „— mich demüthigt die Stelle, auf die mich die Fürsehung gesetzt „hat. Ach! wie oft denke ich, wenn ich mein Glück betrachte, und „die Art, wie man mich belohnt, und die Güte, womit man mir „begegnet, wie mancher Arzt im Elende seufzt, und von der Welt

haben

haben doch auch das nur wenige gelesen, oder doch schon längst vergessen und überhaupt ist das hämische, von hinten zwickende, dem Publikum immer willkommener, als das Offene, Edle.

Chor. Recht so! Recht so!
Bravo! Bravo!
Dignus es intrare
In malo nostro corpore.

Der keusche Kästner. Ich, meine Herren, will mit Karrenschieber Epigramm gegen ihn zu Felde ziehen.

Chor. Recht so! recht so!
Bravo! Bravo!

Der kleine geile Mondcorrespondent Lichtenberg. Ich hoffe mich schon längst zur Aufnahme in diese honorige Gesellschaft qualificirt zu haben, indem ich in Zeitungen und Magazinen (sogar in englischer, da Deutschland für meine Bosheit ein viel zu beschränkter Schauplatz ist) immer hinten und forne gegen Zimmermann ausgeschlagen, auch sogar einst einen niederträchtigen Kupferstich mit dem Scheidewasser meines Knabenmuthwillens habe ätzen lassen. Jetzt aber kann ich nur im Stillen zu Erreichung des löblichen Zweckes beytragen, da ein verdammter Puterhalm mir mit einer moralischen Rede gedroht hat, (Siehe die Ailurofromachie) mit welcher ich aus bewegenden Ursachen verschont zu bleiben wünsche. Das Gute soll aber auch im Verborgenen durch mich gewürkt werden.

„nicht gekannt, vielleicht vor Kummer vergeht, der dieß besser werth „wäre als ich." So etwas ist dem guten Biester, und dem wohl= gezogenen Gedike und dem Heerführer Nicolai noch niemals einge= fallen; so etwas kann nur wahres Verdienst denken und mit edler Freymüthigkeit sagen.

Chor

Chor. Recht so! recht so!
Bravo! bravo!

Der artige Klockenbring. Ich bin gewiß ein so grober witziger Kopf, als jemals in der Lüneburger Heyde gebohren wurde, und daher so geschickt als Einer, die Absichten der respectablen Versammlung zu fördern. Da ich jetzt die Direc=tion der Hannövrischen Anzeigen habe, so will ich gern auch dadurch behülflich seyn, etwas gegen Zimmermann in die Welt gehn zu lassen, und allenfalls mit einer Anmerkung von meinem groben Witze bereichern, wofern er nur nicht namentlich auf=geführt wird, welches die Polizey nicht leiden würde. Es ist zwar wahr, daß ich bey meinen sehr gefährlichen venerischen Krankheiten, für welchen mich weder meine Frau, noch meine genaue Auf= und Einsicht in dieses Theil — der Polizey schützen kann; und bey meiner großen Neigung zur Weinflasche, der zu Liebe ich gewöhnlich alle Nachmittage betrunken bin, leicht in den Fall kommen könnte, Zimmermanns Rath zu bedürfen. Allein da ich oftmals erlebt habe, daß er seinen tödtlichsten Feinden, wie zum Exempel meinem Collegen Flügge und an=dern, doch nachher in der Noth aufs treulichste beygestanden, so hat es damit keine Gefahr; und was man etwa von Dank=barkeit in einem solchen Falle schnickschnaken mögte, o! darüber ist mein hoher Geist weit hinaus, seitdem es mir gelungen, den Nachkommen des seel. Wüllen das Intelligenzcomtoir zu entreissen und mit andern Hungrigen die Bente zu theilen, da doch eben dieser Wüllen die einzige Ursach meines Glücks und meiner Beförderung war.

Chor. Recht so! recht so!
Bravo! bravo!

Dignus

Dignus es intrare
In malo nostro corpore.

Der arme Teufel Quitenbaum in Affiftenz des Leipziger Magifters. Ich, meine Herren, will ihn, Zimmermann, den Ueberreiter oder Ueberritter nennen, ich will ihm fehr witzig fagen, daß er fein Werk gefchrieben hat, wie das Pferd des Herzogs von Devonfhire, welches nur 4 Minuten braucht, um 4 englifche Meilen zu laufen, und Sätze von 23 Fuß macht. Ich will ein Regifter mit einem Rahmen vergleichen, ihn höchft witzig in einen Rahmen faffen, ihm Gottlofigkeit vorwerfen, um den würklich fehr witzigen Einfall wo möglich zu entkräften; daß er keine andere Wunder glaube, als die der König im fiebenjährigen Kriege gethan. Ich will ihm fagen, daß der Todtengräber des Doms dem Könige, in Beziehung auf feine Krankheit, die nemlichen Dienfte erwiefen haben würde, als er. Ich will mich drüber luftig machen, daß er vorgiebt zu wiffen, die Kaiferin von Rußland fey gefund, da fie es ihm doch nur felbft gefchrieben hat. Ich will ihn einen Hariolus nennen, zum Krepiren witzig von politifchen Tanzmeiftern, Seelentanzftunden und erfchwangenen Tanzgipfeln fchwatzen! ich will die Kaiferin von Rußland mit einem Ocean vergleichen, der auch die Pfütze nicht verfchmäht, welche ihm ihr Tröpflein Waffer aufdringt, obgleich das eine gar fchändliche Zweydeutigkeit, und in Rückficht auf Zimmermann eine alberne Lüge ift, denn die Kaiferin war es, wie es fich von felbft verfteht, welche die Correspondenz anfieng, die uns allen fo manches Tröpfchen neidifche Galle koftet. Ich will fagen: er habe den D. Obereit durch eine Keilfchrift entfeelt,

sein

sein Pegasus sey ein stolzer Schecke, seine Schrift
sey mit Schusterpech wohlriechend gemacht, seine
Schreibart sey Pyrmontisch; sein Buch eine Folie
aller Folien; nebenher will ich einen weitschweifigen, alber=
nen Salm über Regentenerziehung und Staatswissenschaft her=
babbeln, wobey die Leser sanft ruhen können, welcher aber
doch ein paar Seiten mehr anfüllt, und folglich auch dem
hungrigen Magen ein paar Bissen mehr einträgt. Auch werde
ich nicht ermangeln, die Nicolaischen Anecdoten zu loben, und
des jungen Büschings Buch ein lignum zu nennen, aus
welchem sich ein Merkur schnitzen lasse.

Der Heerführer Nicolai und der junge Büsching stehen
auf, verbeugen sich tief, und erbieten sich reciprocé zu loben.

Der arme Teufel Quitenbaum (fährt fort): Ich will
ihn eine Kapitalgans nennen, einen Hofwurmschneider,
einen Ritter von der lustigen Gestalt, item Ritter
von der hellen Sonne, einen komisch fecken Zimmer=
mann, einen Dictator, und am Ende, wenn ich bis dahin
nicht selbst schon vor Lachen über meinen schnackischen Witz
gestorben bin, will ich ausrufen: O sancte Zimmermanne!
ora pro nobis!

Bahrdt. Hör' er guter Freund! sein böser Wille mag
wohl recht gut seyn, aber das Vollbringen taugt wenig. Und
auf wie vielen Seiten denkt er das ganze elend witzige, und
jämmerlich staatskluge Gewäsch herzusagen?

Der arme Teufel Quitenbaum und der Leipziger
Magister (auf ihre hungrigen Magen und schlotternde Bäuche
deutend). Auf 222 Seiten.

Bahrdt. Ehrlicher Bildschnitzer! wenn er machen kann,
daß Zimmermann das würklich liest, so sind wir den Menschen

auf

auf einmal los, denn er gähnt ſich zu tode. Unterdeſſen hat
es nichts zu ſagen, wenn wir auch einige Straſſenjungen unter
unſerer Armee mitſchleppen, die ſtatt der Waffen Kuhfladen
führen. Nicht wahr, unbedeutender Ettinger?

Der unbedeutende Ettinger (im Nahmen ſeines Chors).
Nein, es hat nichts zu ſagen.

Bahrdt. Es finden ſich doch immer Narren, die da
lachen, wenn man ihnen nur zuruft: lacht doch!

Chor. Recht ſo! recht ſo!
Bravo! bravo!

Der Achſelträger Boje. Ich meine Herren, bin es
freylich dem Herrn Zimmermann, mir ſelbſt, und
denen, die meine vieljährige Verbindung mit dieſem
von allen, die ihn ganz feunen, verehrten Manne
wiſſen, ſchuldig zu geſtehen, daß ich abſcheulich hämiſch
handeln würde, wenn ich öffentlich gegen ihn aufträte. Weit
entfernt übrigens den ehrwürdigen Verfaſſern der
noch im Embryo liegenden Schriften daraus einen Vor=
wurf zu machen, will ich vielmehr mit Freuden mein neues
deutſches Muſeum zu dieſem Behuf einräumen. Doch behalte
ich mir vor, hernach öffentlich in den Zeitungen zu verſichern,
ich, der Herausgeber, leſe vorher nichts von dem, was in
meinem Journal abgedruckt wird. Und ſo, meine Herren,
denke ich mit Recht Anſpruch auf den pfiffigen Beynahmen
der Achſelträger machen zu dürfen.

Chor. Recht ſo! recht ſo!
Bravo! bravo!

Der ſeinlachende Trapp. Ich habe einen überſchweng=
lich witzigen Einfall, ich fürchte nur, ihr werdet euch alle tod
drüber lachen. Ein Sendſchreiben von Doctor Luther

an Zimmermann! Ha! ha! ha! ha! ha! ha! ha! ha! ha! ha! ha! ha! ha! ha! ha! ha! ha! ha! (Der Athem vergeht ihm, er wird braun und blau, und ist im Begriff zu ersticken. Alle springen zu, klopfen ihn in den Rücken, gießen einen Kammertopf über ihn her, und bringen ihn so wieder zu sich.)

Der feinlachende Trapp (sich die Sauce vom Maule wischend). Ha! ha! ha! Nnn was meynt ihr dazu? Da soll ihm Doctor Luther sagen: er sey grob, er habe einen tüch= tigen Nagel, und er soll in Zukunft mehr Respekt haben vor unserer gewaltigen Aufklärung. Ha! ha! ha! —

Doctor Luthers Geist erscheint plötzlich und gibt dem Educationsrath Trapp mit der feinen Lache eine fürchterliche Ohr= feige, so daß er vom Stuhle taumelt, und da der Boden ein wenig abhängig ist, in eine nahegelegene Mistlache hinabrollt.

Doctor Luthers Geist im männlichen Baßton. Ihr seyd eine Art, die sich rein dünket, und ist doch von ihrem Kothe nicht gewaschen. (Sprüchwörter Salom. Kap. XXX. Vers 12.)

Eine Art, die Schwerdter für Zähne hat, die mit ihren Backenzähnen frisset und verzehret die Jesuiten im Lande und die geheimen Gesellschaften unter den Leuten. (Ebendas. v. 14.)

Die Seele des Gottlosen wünschet Arges und gönnt seinem Nächsten nichts, darum macht es auch Bauchgrimmen, daß die Ge= waltigen im Lande mit Zimmermann correspondiren. (XXI. 10.)

Ihr sprecht: so laßt uns auf den gerechten Zimmermann lauern, denn er macht uns viel Unlust. (Buch der Weißh. II. 12.)

Mit Schmach und Quaal wollen wir ihn stöcken, daß wir sehen, wie fromm er sey, und erkennen, wie geduldig er sey. (Ebendas. 19.)

Es wird

Es wird aber eine Zeit kommen, ihr bösen Buben! da ihr unter einander reden werdet mit Reue und vor Angst des Geistes seufzen: das ist der Zimmermann, welchen wir etwa für einen Spott hatten, und für ein höhnisch Beyspiel. (Ebendas. V. 3.)

Denn da ihr hörtet, daß diesem Zimmermann von Kaisern und Königen Gutes geschah, durch welches ihr gequält werdet, da fühltet ihr den Herrn; denn den ihr etwa verächtlich verstoßen und verworfen hattet, und ihn verlachtet, deß mußtet ihr euch zuletzt verwundern. (Ebendas. XI. 14. 15.)

Darum will ich dem Bösen wehren mit harter Strafe, und mit ernsten Schlägen, die man fühlet. (ib. XXVII. 22.)

Dem Roß eine Geisel, dem Esel einen Zaum, und euch Narren eine Ruthe auf den Rücken. (Sprüchw. XXVI. 3.)

Zimmermann antwortet den Narren nicht nach ihrer Narrheit, damit er ihnen nicht auch gleich werde. Ich aber antworte den Narren nach ihrer Narrheit, daß sie sich nicht weise lassen dünken. (ib. XXVI. 4. 5.)

Es ist doch kein Lauern über des Neiders Lauern. (Jes. Sirach. XXV. 19.)

Laßt ab vom Hadern, so bleiben viel Dummheiten nach. (ib. XXVIII. 10.)

Der Narren Rede ist über die maßen verdrüßlich. Ihr Hadern macht, daß man die Ohren zuhalten muß, und ist verdrüßlich zu hören, wie sie sich so zerschelten. (ib. XXVII. 14. 15. 16.

Junger Büsching! wenn dich die bösen Buben locken, so folge ihnen nicht. Wenn sie sagen: gehe mit uns, wir wollen auf Blut lauern, und dem unschuldigen Zimmermann ohne Ursach nachstellen. (Sprüchw. Salom. I. 10. 11.)

Am

Am Ende lauern sie selbst unter einander auf Blut und stellet Einer dem Andern nach dem Leben. (ib. 18.)

Dünke dich nicht weise zu seyn, kleiner Mondcorre=spondent Lichtenberg, sondern fürchte den Herrn, und weiche vom Bösen. Das wird deinem Nabel gesund seyn, und deine elenden Gebeine erquicken. (ib. III. 7. 8.)

Thue von dir den verkehrten Mund, guter Biester, und laß das Lästermaul ferne von dir. (ib. IV. 24.)

Wer geduldig ist, wie Zimmermann, der ist weise. Ein gütiges Herz, wie das seinige, ist des Leibes Leben; aber Neid, guter Biester, ist Eyter in Beinen. (ib. XIV. 39. 30.)

Es sieht einem Narren, wie dir Zopfprediger Schulze, nicht wohl an, von hohen Dingen reden. (ib. XVII. 7.)

Ein bitterer Mensch, wie du keuscher Kästner, trachtet Schaden zu thun, aber es wird ein grausamer Engel über ihn kommen. (ib. XVII. 11.)

Ein närrischer Sohn ist seines Vaters Trauren, und Be=trübniß seiner Mutter, die ihn gebohren hat. Darum, armer Teufel Quitenbaum, tragen Vater und Mutter Leid um dich. (ib. XVII. 25.)

Wer vorgehet und sich menget in fremden Hader, du Leip=ziger Magister, der ist wie Einer, der den Hund bey den Ohren zwacket. (ib. XXVI. 17.)

Die Lippen des Narren, keuscher Kästner, bringen Zauken, und sein Mund ringet nach Schlägen, wie du auch schon erfahren hast. (ib. XVIII. 6.)

Fahre nicht bald heraus zu zauken, Heerführer Nikolai, denn was willst du hernach machen, wenn du deinen Nächsten geschändet hast? (ib. XXV. 8).

Also thut

Also thut ein falscher Mensch mit seinem Nächsten, Achsel=
träger Boje, und spricht hernach: ich habe es nicht also ge=
meynt. (ib. XXVI. 19.)

Wie ein Hund sein Gespeytes wieder frißt, guter Bies=
ter, also ist der Narr, der ewig von Aufflärung schwatzt. (ib.
XXVII. 11.)

Du aber, mein artiger Klockenbring, sprich: ich bin der
Allernärrischste und Menschenverstand ist nicht bey mir. (ib.
XXX. 2.)

Hast du genarret, wohlgezogener Gedike, und zu hoch
gefahren, und Böses vorgehabt, so lege man die Hand aufs
Maul. (ib. XXX. 32.)

Denn die Wahrheit, kleiner tapferer Mauvillon,
kommt nicht in eine boshafte Seele, und wohnet nicht in einem
Leibe der Sünde unterworfen. (Buch der Weisheit. I. 4.)

Es wäre dir besser, blinder Ebeling, der du aus
9 Büchern das 10. machst, und aus der Haut fahren willst,
wenn man die Officiers statt die Officiere sagt: es wäre
dir besser, du sprächest: ich will mit dem giftigen Neid nichts
zu thun haben, denn derselbige hat nichts an der Weisheit.
(ib. VI. 25.)

Was du, Doctor Bahrdt, gutes siehest, deutest du aufs
ärgste, und das Allerbeste schändest du aufs höchste. (Jes.
Sir. XI. 32.)

Hörest du was Böses, Doctor Bahrdt, das sage nicht
nach; denn man hört deiner Grobheit wohl zu, und merket
darauf, aber man hasset dich gleichwohl. (ib. XIX. 6. 9.)

Laß dich nicht zu klug dünken, guter Biester, jedermann
zu tadeln. Denn ein solcher giftiger Mensch, wie du guter

Bies=

Biester, schadet ihm selber und wird seinen Feinden ein Spott. (ib. IV. 2. 4.)

O du Achselträger Boje! es ist mancher Freund, und wird bald Feind, und wüßte er einen Mord auf dich, er sagt es nach. (ib. VI. 9.)

Ihr, Gedike und Biester, rühmet wohl viel von der Aufklärung, aber wißt wenig darum. (ib. VI. 23.)

Verachte nicht, wohlgezogener Gedike, was Zimmer= mann redet. Denn von ihm kannst du lernen, wie du dich halten sollst, gegen große Leute. (ib. VIII. 9. 10.)

Monsieur Liserin, mein Kind, stecke dich nicht in mancher= ley Händel, denn wo du dir mancherley vornimmst, wirst du nicht viel daran gewinnen. (ib. X. 10.)

Lerne zuvor selbst, uneigennütziger Campe, ehe du an= dere lehrest; hilf dir zuvor selber, guter Biester, ehe du an= dere arzneyest; strafe dich zuvor selber, Doctor Bahrdt mit der eisernen Stirn, ehe du andere urtheilest. (ib. XVIII. 19. 20. 21.)

Es ist mancher scharfsinnig, keuscher Kästner, und doch ein Schalk. (ib. XIX. 22.)

Derselbe Schalk, uneigennütziger Campe, kann den Kopf hängen, und ernst sehen, und ist doch eitel Betrug. (ib. 23.)

Es straft einer seinen Nächsten oft zur Unzeit, verkappter Blanckenburg, und thäte weißlicher, daß er schwiege. (ib. XX. 1.)

Dein böses Maul, keuscher Kästner, zerschmettert Beine und Alles. Viele sind gefallen durch die Schärfe des Schwerdtes, aber nirgend so viele ehrliche Namen, als durch eure bösen Mäuler, du keuscher Kästner und du kleiner Lichtenberg! (ib. XXVIII. 21. 22.)

Wie der

Wie der Schellhengst schreyet gegen alle Mähren, also du uneigennütziger Campe, hänget sich der Heuchler an alle Spötter. (ib. XXXIII. 6.)

Siehe dich nicht um nach schönen Menschern, Monsieur Liserin, und sey nicht so gern um die Weiber. (ib. XXXXII. 12.)

Wer seinen Nächsten schändet, verkappter Blanckenburg, der ist ein Narr. (Sprüchw. Salom. XI. 12.)

Zu sämmtlichen Verkappten. Wer heimlich sticht, der verwundet sich selbst. (Jes. Sir. XXVII. 28.)

Zu dem unbedeutenden Ettinger und seinem Chor. Lieben Kinder, lernt das Maul halten, denn wer es hält, der wird sich mit Worten nicht vergreifen. (ib. XXIII. 7.)

Sehet ihr Zimmermann endlich in seinen Geschäften, der wird vor den Königen stehen und wird nicht vor euch Unedlen stehen. (Sp. Sal. XXII. 29.).

Drum lasset uns loben die berühmten Leute, und unsern Zimmermann mit ihnen! (Jes. Sirach. XXXXIV. 1.)

Die Leute reden von seiner Weisheit und die Gemeine verkündigt sein Lob. (ib. 14. 15.)

Ihr andern aber habt keinen Ruhm und werdet umkommen, als wäret ihr nie gewesen, und da ihr noch lebtet, war es eben, als lebtet ihr nicht. (ib. 9.)

Drum will ich nicht ablassen die Knaben zu züchtigen, denn wo du sie mit der Ruthe züchtigst, so darfst du sie nicht tödten. Du hauest sie mit der Ruthe, aber du errettest ihre Seele von der Hölle. (Sprüchw. Salom. XXIII. 13. 14.)

(Er verschwindet. An seiner Statt erscheinen plötzlich die himmlischen Heerschaaren mit Ruthen in den Händen, und hauen sämmtlichen Verschwornen die Steiße wund, daß ihnen das Blut an den Lenden herunter läuft. Darauf singen sie einmüthig gar lieblich und süß:)

Ehre

Ehre sey Zimmermann in Hannover! Friede unter euch Neidhämmeln! und allen guten Menschen ein Wohlgefallen!

Accompagnement der Verschwornen. Au weh! Au weh! (Die himmlischen Heerschaaren verschwinden.)

Der kleine tapfere Mauvillon (sich den Hintern reibend). Ich prahl zwar sonst viel mit Freygeisterey und Starkgeisterey: aber diese Geister sind mir doch zu stark.

Der keusche Kästner (sich auch den Hintern reibend). Ja, diese verdammten himmlischen Heerschaaren sind stärker, als der italienische Sprachmeister San Severino, der mich einst im Buchladen durchprügelte.

Doctor Bahrdt mit der eisernen Stirn. Auf! ihr tapferen Gehülfen! Lasset den Muth nicht hinsinken! Was kümmern euch Ruthenstreiche! Ihr seyd deren gewohnt. Auf! rächet an Zimmermann das Blut, welches an euren Lenden herabfließt.

Doctor Luthers Geist in den Lüften. Wenn du den Narren im Mörser zerstießest mit dem Stämpfel wie Grütze, so ließe doch seine Narrheit nicht von ihm. (Sprüchw. Sal. XXVII. 22) (er verschwindet.)

(Die himmlischen Heerscharen erscheinen abermals mit metallenen Mörsern. Sie zerstoßen die ganze Versammlung mit dem Stämpfel wie Grütze. Als sie aber verschwunden sind, findet es sich, daß ihre Narrheit doch nicht von ihnen gelassen hat.)

Der uneigennützige Campe, der blinde Ebeling, Monsieur Liserin, der kleine tapfere Mauvillon, der junge Büsching und der verkappte Blanckenburg treten nun nach einander auf. Ein jeder nennt den Cloak, in welchem er sich seiner Excremente zu entladen gedenkt. Z. B.: Das deutsche Museum, die Berliner Monatsschrift, das Braunschweigische Magazin, der Hamburger Correspondent, die neue Hamburger Zeitung u. s. w. Ein

Jeder

Jeder rührt zugleich diese Excremente vor den Nasen der Mitver=
schworenen ein wenig um und um, welche sogleich ein Chor anstimmen:

> Mit vollen Athemzügen
> Saug' ich, du Dreck aus dir!
> (Siehe Goethe's Erwin und Elmir.)

Auch der unbedeutende Ettinger und sein ganzes Ge=
schwader zeigen an, was ein Jeder im Schilde führt, so erfährt man
nach und nach:

Daß der verkappte Blanckenburg höchst niedrig von
Papieren spricht, welche ein Minister zu Haarwickeln be=
stimmt hatte, von Feldjägern, welche einen Riccaut de
la Marlinaire zu Ministern gemacht; daß er das, schon vom
kleinen geilen Lichtenberg abgenutzte Bild vom neuen Belle=
rophou wiederkaut, weil er selbst nicht Witz genug hat, etwas
neues zu sagen: daß er eine vollkommene Ähnlichkeit zwischen
Zimmermann und Mirabeau findet; daß er ihm mit Physig=
natus und Hypsiboas vergleicht und endlich seine Grobheiten noch
durch den dummen Einfall würzt: Zimmermann habe nur vier
und dreißigmal vor dem Könige gestanden, die Kammer=
takaien aber viele hundertmale[1]). Daher entstand anfänglich
die Vermutung, dieser Aufsatz sey von einem gereizten Kammer=
lakaien geschrieben worden. Diese Vermutung hat sich nunmehr
wiederlegt; wenigstens aber muß der Verfasser vielen Umgang mit
Kammerlakaien haben.

Man erfährt ferner:

Daß Dinandar der Kosmopolit sich folgender cosmo=
politischen, und einem Gelehrten sehr anständigen Ausdrücke
zu bedienen gedenkt: Arroganz, Eigendünkel, After=
weisheit, Dictatorisches Ansehn, triviales Geschwätz,
gelehrte Pedanten, stolze Aristarchen, dummdreistes
Urtheil, Schadenfreude und Bosheit, Lampe mit

[1]) Neues deutsches Museum. 6. Stück. 1790. Über histo=
rische Gewißheit.

elen=

elendem Thran genährt, radotiren, u. ſ. w. ¹). Darauf
behauptet er: nur ein Brandenburger habe das Recht,
den Grafen Mirabeau zu widerlegen.

Chor. Ha! ha! ha!

Dinandar fortfahrend, verſichert, daß nicht allein der
Hannövriſche Leibarzt, ſondern auch Nicolai und die
Berliner Journaliſten ausgeziſcht würden.

Sogleich entſteht eine ſchreckliche Prügeley. Nicolai,
Gedike und Bieſter fallen über Dinandar her, andere
wollen ihn vertheidigen, es ſetzt blutige Köpfe und Steiße.

Dinandar durch die Fauſtargumente überzeugt, daß man
nur allein gegen Zimmermann hinten aus ſchlagen dürfe,
ſucht die Gemüther zu beſänftigen, indem er verſpricht, in der
zwoten Lieferung ſeiner Novellen aus dem Archive der
Grobheit und Schmähſucht, dem redlichen Weltweiſen,
deſſen Fäuſte er nicht zu fürchten hat, noch ein kleines kosmo=
politiſches Schimpfregiſter aufzuladen, des da ſind: Unbe=
ſcheidenheit, Herzenshärtigkeit, Schmeicheley, In=
toleranz, komiſch burſelf u. ſ. w.

Darauf nähert ſich dem kranken Löwen ein anderer Eſel,
ſchleudert ihm mit dem Eſelshuf Koth in die Augen, und
Iat den andern nach, von Panegyrikum auf ſich ſelbſt,
Stolz, Eigendünkel, Selbſtlob, kriechende Schmeiche=
leyen, ehrenrührige Ausdrücke, Phantaſien in der
Fieberhitze, O quae te dementia cepit! ²)

¹) Novellen aus dem Archiv der Wahrheit und Aufklärung,
1. Lieferung.

²) Widerlegung der Schrift des Ritters von Zimmermann,
von einem Wahrheitsfreunde. Die Wahrheit dieſes Freundes iſt
ſehr langweilig.

Ein

Ein Anderer tritt auf, um diesen armseligen Widerleger zu widerlegen, plappert aber doch auch von selbstange= zündeten Weyhrauch, und mehr dergleichen Erbärmlich= keiten, die keine Widerlegung verdienen [1]).

Ein Dritter will den Unterschied zwischen Moral und Religion [2]) zeigen, zeigt aber nur den Unterschied zwischen einem bescheidenen Mann und einem Grobian.

Ein Vierter versichert, es sey ihm bey seiner Arbeit so angst, daß er sechsmal die Feder weglegen und sie zum siebenten= male wieder ergreifen werde [3]). Aus dieser Angst, welche über und unter sich gewürkt hat, ist denn auch lauter stinken= des Zeug entstanden.

Ein Fünfter, Sechster, Siebenter. Eheu! jam satis est!

Das Chor wiederholt fleißig den Weyhgesang:

Recht so! recht so!
Bravo! bravo!
Dignus es intrare
In malo nostro corpore.

Endlich und zuletzt erhebt sich Doctor Bahrdt mit der eisernen Stirn als Meister vom Stuhle dieser geheimen Gesellschaft. Die beyden Vorsteher Gedike und Biester ge= bieten Schweigen links und rechts, und der Gröbste aller Grobiane läßt sich folgendergestalt vernehmen:

Meine lieben Brüder! Collegen und Mitverschworne! Ihr seyd alle gar sehr hämisch und boshaft, und das lobe ich wie billig; aber ihr seyd alle nicht grob genug. Denn ob es

[1]) Kann die Religion der Christen abgeschaft werden? u. s. w.
[2]) Beweis des Unterschieds zwischen Moral und Religion.
[3]) Sendschreiben an den Herrn Ritter von Zimmermann.

gleich

gleich scheinen mögte, als hätten der gute Biester und der wohlgezogene Gedike den Gipfel der Grobheit erstiegen; so will ich doch sogleich unwidersprechlich darthun, daß noch eine Stufe übrig ist, auf welcher nur ich allein prange. Merke auf Bruder Gedike, denn selbst du kannst hier noch etwas lernen.

Ich nenne ihn, statt einen Mann von Stande, einen Bootsknecht, statt einen Gelehrten, einen Bauerlimmel; statt einen Ritter, einen Troßbuben; Ritter von Quixotte, der mit Windmühlen fischt, und ausgepfiffen zu werden verdient. Beleidigtes Höckerweib; wahnwitziger irrender Ritter; der erste Schaafskopf in ganz Europa; Schwachmatikus; gröbster Grobian, Wüthrich, Sie besitzen Calabrischen Selbstdünkel, Zudringlichkeit, Gabe zu schwadroniren, Quacksalberwitz, Hochadliche Schaafsköpfigkeit, Tollheit, Besoffenheit, Hundswuth, Dummdreistigkeit, Unverschämtheit, garstige pudenda[1]).

(Die ganze Versammlung, die denn doch das Gefühl des Schicklichen noch nicht in dem hohen Grade verlohren hat, als dieser elende, verächtliche Mensch, fängt an sich zu bespeyen. Die schamlose eiserne Stirn kehrt sich aber nicht daran, sondern fährt folgendergestalt fort:)

Und wenn noch zehn solche Ritterchen, wie Sie, auf einem Ambose in einen zusammengeschmiedet, sich so vor mich hinstellten, wie Sie, so würde ich noch mit eisgrauem Kopfe ihm zeigen, daß Alter nicht vor Thorheit hilft, und daß ich noch eben so ein grober Flegel bin, als vor 30 Jahren. Sie haben uns auf einem Ziegenbocke angesprengt, haben sich auf unserm Grund und

[1] Siehe Bahrdt mit Zimmermann deutsch gesprochen.

Boden

Boden unflätig herumgetummelt, und zuletzt noch
einen eckeln Abgang ihres Tieres zurückgelassen. Sie
bekucken die Uringläser und besichtigen die Stuhl=
gänge ihrer Patienten, schimpfen Abladermäßig, die
Teufel sind aus den Gergesener Schweinen in Sie
gefahren, was Sie bey Friedrich thaten, hätte ich
auch thun können (ach du jämmerlicher Wicht!). Sie
haben vor Angst schier in die Hosen gemacht. O je=
mines Gesicht! Sie stehn ja da wie ein Schulknabe,
dem die Butterbemme in den Sand gefallen, man
sollte meyneu, Sie hätten tagtäglich die Hosen voll=
gehabt —

Der keusche Kästner (ihm ins Wort fallend). Man
sieht doch, Bruder Bahrdt, daß du ein Scheißkerl bist,
weil du immer mit vollem Hosen zu thun hast.

Bahrdt. Man sieht, Bruder Kästner, daß dein Witz
aus Gottscheds Schleim gebildet worden. Aber laß nur, es
soll noch besser kommen. Auch will ich mich nebst dem guten
Biester gelegentlich über sein französisch lustig machen.

Der Heerführer Nicolai. Das laßt nur lieber bleiben,
denn da blamiert ihr euch. Französisch ist Zimmermanns
zweyte Muttersprache, die er eben so gut spricht und schreibt
als die Deutsche. Einen Theil seiner Jugend brachte er bey
Lausanne zu, wo man bekanntlich so gut spricht als in Frank=
reich. Du Bruder Bahrdt kannst mit deinem Leipziger Schnabel
das Französische gar nicht aussprechen, und in der niedrigen
Welt, worin du immer gelebt hast, lernt man das auch nicht.
Da spricht man, wie Monsieur Liserin sche für je. So
wie der närrische Boje einmal Dransche statt Orange zu
schreiben pflegte. Du aber, plattdeutscher Lübecker Biester,

haſt durch die übel gerathene Ueberſetzung der histoire de mon tems eine ſchlechte Probe von deiner Kenntniß der Sprache gegeben, und wenn du es gar ſprechen willſt, ſo ſiehſt du aus, als ob du das Maul voll Heu hätteſt, und es klingt, als höre man die Bauern aus Dithmarſchen.

Bahrdt. Ey was! das thut Alles nichts! Wer es nicht verſteht, glaubt uns doch mehr als ihm, denn wir können beſſer ſchreyen als er.

Nebenher will ich uns recht fein und verſteckt alſo loben: Unſere Schriften und Nahmen werden noch lange genannt werden, wenn Zimmermanns Nahme im Meer der Vergeſſenheit erſoffen, und ſein Fragmen= ten Bündel an dem eben ausgeſtäupten Hintern der Aufklärer verwiſcht ſeyn wird. Auch den Herrn Zopf= prediger Schulze will ich gelegentlich recht ſehr loben. (Der Zopfprediger Schulze bedankt ſich.)

Bahrdt. Dann will ich mich auch ſelbſt ganz beſcheiden mit Luthern vergleichen, und Melanchthon tief unter mich herabwürdigen. (Der junge Büſching nießt.)

Chor. Proſit! (Der junge Büſching bedankt ſich.)

Der kleine Lichtenberg. Aber Brüderchen, willſt du denn nicht auch ein Bißchen Witz mit anbringen?

Bahrdt. Ey freylich! höre nur. — Ah Monſieur le Medicin, Monſieur de Chevalier, Monſieur de Zimmer- mann, ach! wie hab ſick da proſtituirt: mack ſick wohl ein Schüler aus tertia ſolcher Schnitzer gegen die Gramatick ſchuldick macken, wie ſick hier Monſieur le Chevalier der gröbſten Schnitzer gegen die geſund Menſchenverſtand ſchuldick gemackt hab? Mack ſick je ein Fiſchweib, ein Bootsknecht, eine Poiſarde ſo

dumm

dummwüthig gebrauß und geschimpft und geläſtert
hab? Nnn was meynt ihr? iſt das nicht zum Krepiren
wißig? ſaht ihr je eine ſchönere Vereinigung des Wißigen
mit dem Groben?

Chor. Recht ſo! recht ſo!

Bravo! bravo!
Digues es praesidere
malo nostro corpore.

Bahrdt. O es ſoll noch beſſer kommen. Ritter mit
dem Ziegenbocke! hätten Sie doch nur einen deiſti=
ſchen Lumpen, um Ihren moraliſchen Hintern zu be=
decken.

Der keuſche Käſtner. Haben Sie ſchon wieder mit
dem Hintern zu thun? Ich glaube wahrhaftig, Sie ſind in
Zimmermanns Hintern verliebt? Wer weiß, ob er nicht ſo
gütig iſt, Ihnen einen Kuß auf die Wangen Ihrer neuen Ge=
liebten zu verſtatten.

Bahrdt. Ich gehe gleich zu den Ohren über. Spißen
Sie die langen Ohren. Sie verbinden mit dem Ta=
lent Religioſität zu heucheln, die Kunſt zu lügen —
O du armſeliger Ritter mit deinem lutheriſchen Ka=
techismus. Dein Chriſtenthum iſt ein ſchnackiſches
Ding.

Der junge Büſching. Lieber Herr Confrater, ich ſehe
mich gemüſſigt anzumerken, daß Zimmermann kein Lutheraner iſt.

Bahrdt. Iſt er nicht? nun in Gottes Nahmen! was
geſchrieben iſt, das iſt geſchrieben. Das Publifum mag ſehn,
wie es ſich aus dem Wirrwarr heraushilft. — Jeßt auf=
gemerkt! Ich will ihm ſagen: er habe die Cur des

großen

großen Königs verpfuscht, seine Sachen in Sanssouci
schlecht gemacht, 2000 Thaler mit Sünden genommen,
ich hätte es besser gemacht.　　　　　 -

Chor. Ha! ha! ha!

Bahrdt. Was lacht ihr?

Chor. Nein, das ist gar zu pudelnärrisch. Du Brüderchen hättest es besser gemacht? Ha! ha! ha!

Bahrdt. Ja freylich. Er wollte nur paradiren.
Nun so paradire du, daß du schwarz wirst.

Nicolai. Das muß ich gestehen, Herr Bruder, Sie
drücken sich doch immer mit vieler Eleganz aus. Paradire
daß du schwarz wirst! das ist wieder ganz artig.

Bahrdt. Nicht wahr? Dann will ich ihm sagen, daß
der Löwenzahn zu weiter nichts tangte, als uns Anlaß zu
Millionen, immer und immer wiedergekäuter, jämmerlicher
Wortspielereyen zu geben. Die Meerzwiebel, den Mohn-
saft hätte er brauchen sollen.

Chor (fällt in ein convulsivisches Lachen. Alle schwadro-
nieren durch einander, man hört nichts als Exclamationen): „Ach
„du drolliger Bahrdt! ach du pudelnärrischer Bahrdt! und
„kannst so ehrbar dabey aussehen, wie ein Affe, wenn er eine
„Uhr aufziehen will. Nein, das ist zum todlachen!" Ha! ha! ha!

Bahrdt. Hört nur! jetzt kommt das Beste. Ich will
ganz dreist und keck behaupten, der seelige Goldhagen
habe mir gesagt, Zimmermann sey selbst als Arzt
ein ganz mittelmäßiger Mensch, und durchaus nicht
im ersten Gliede die deutschen Aerzte.

(Goldhagens Geist erscheint und gibt dem Doctor Bahrdt
mit der eisernen Stirn eine fürchterliche Ohrfeige, so, daß er
augenblicklich unten bey Trapp in der Mistlache liegt.)

　　　　　　　　　　　　　　　　　　Gold=

Goldhagens Geist. Du elender Bube! mußt du den Nahmen eines ehrlichen Mannes mißbrauchen, weil du glaubst, das Maul sey ihm mit Erde gestopft? Du Bahrdt bist verachtet von der Körper= und Geisterwelt, Zimmermann aber, von allen, welche ihn ganz kennen, verehrt, das ge= steht selbst der Achselträger Boje. Wer dich Bahrdt ganz kennt, wird nie mit dir aus einer Schüssel essen, und aus einem Glase trinken.

Treibt indessen euer neidisches Wesen nach Gefallen! Die Geisterwelt lächelt darüber. Aber hütet euch, die Ruhe seliger Geister zu stören, wenn ihr nicht sämmtlich euer Grab in jener Mistlache finden wollt. (Er verschwindet.)

(Bahrdt und Trapp prügeln sich in der Mistlache herum, und besprützen die ganze Versammlung.[1]) Endlich kriechen sie wohl= gebadet heraus. Bahrdt proponiert mit seiner eisernen Stirne, trotz der Hölle und aller ihrer Geister, die deutsche Union gegen Zimmermann zu erneuen, und da er die Verschworenen willig findet, führt er sie in einen Winkel des Gartens, wo dem zischenden Neide ein Altar errichtet ist. Der grinsende Neid mit seinem Schlangenhaar ist darauf abgebildet, die drey Furien ruhen zu seinen Füßen.

Die Verschworenen knieen rings umher, eine blasse Flamme brennet auf dem Altar, welche die Gesichter der Anwesenden mit fahler Todtenfarbe überzieht, Zimmermanns guter Name wird geopfert. Die Luft verfinstert sich. Die Vögel in den Gebüschen schweigen. Die Fledermäuse flattern umher. Die Unken rufen. Die Schuhus heulen. Der Neid grinst. Die Furien frohlocken.)

[1] Wer hätte damals glauben sollen, daß einst der gute Trapp den Anfang machen würde, sich Bahrdts Freund zu nennen. Siehe die Geschichte von Bahrdts Gefangennehmung u. s. w. S. 20.

Vierter Aufzug.

Apotheose des Doctor Bahrdt mit der eisernen Stirn und seiner Mitverschwornen.

Erster Auftritt.

(Der Schauplatz ist in Zimmermanns Hause. Zimmermann sitzt in seinem Studierzimmer am Tische und schreibt. Heinrich, sein Bedienter tritt herein, mit einem versiegelten Packet in der Hand, und übergiebt es ihm mit den Worten: von der Post.)

Zimmermann erbricht es, und findet das Bahrdtische Pasquill. Er blättert darin, und als ihm gerade zuerst die Stelle vom Bootsknecht, Bauerlümmel und Troßbuben in die Augen fällt, so macht er es lächelnd wieder zu, giebt es dem Bedienten zurück, und spricht:

Auf den Abtritt. (Der Bediente geht ab, Zimmermann schreibt ruhig weiter.)

Zweyter Auftritt.

(Der Schauplatz verwandelt sich in Zimmermanns Abtritt.)

(Der Bediente tritt herein, und nachdem er selbst sich vorher des Titelblattes der famösen Schrift zu einem gewissen Behuf bedient hat, legt er sie zu den übrigen, und geht ab.)

Kaum ist er fort, als der neue Ankömmling sich ein wenig unter der Gesellschaft umsieht, in welche er eingeführt worden. Er findet daselbst unter andern ein sehr zerrissenes Stück von der Berliner Monatsschrift, ein beschmiertes Stück vom neuen deutschen Museum, einen Abtrittmässig illuminir=

ten

ten Kupferstich von Lichtenbergs Erfindung, ein beschmutztes Exemplar des Hamburger Correspondenten u. s. w. Oben im Winkel eines kleinen Fensters liegt Doctor Luthers Sendschreiben, worein man Rattenpulver gewickelt; und im Mittelpunkt des Altars der Göttin Cloacina, hängen noch hin und wieder zersetzte Ueberreste vom Braunschweigischen Magazin, der Gothaischen gelehrten Zeitung u. s. w.

Der neue Ankömmling merkt nun wohl, welch ein trauriges Schicksal ihn bedroht, und um, wo möglich eines edlern Todes zu sterben, sucht er ein wenig von dem Rattenpulver zu erwischen, welches in Doctor Luthers Sendschreiben gewickelt ist. Kaum aber haben die übrigen erkannt, wes Geistes Kind sich unter sie verirrt, als sie, durch die schmähliche Behandlung, die sie auf seines Vaters Antrieb erdulden, erbittert, sämmtlich über ihn herfallen, und ihn in wenig Minuten kurz und klein rupfen. Ja ihre Wuth steigt so hoch, daß, als das letzte Blatt der deutsch gesprochenen Schrift, um ihren Klauen zu entrinnen, sich in den Abtritt hinunterwirft, sie sich alle ihm nachstürzen, und die Bühne auf einmal leer wird.

So, großer Münchhausen! werden einst alle deine Kleider und Pelze toll, als dein, von einem tollen Hunde gebissener Wolfspelz, wenige Stunden in deiner Kleiderkammer gehangen hatte!

Aber was that denn der arme Zimmermann, als er auf den Abtritt kam, und kein Papier mehr vorräthig fand? — Er beschloß ein Avertissement zu entwerfen, vermittelst dessen er seine zahllosen Neider dienstfreundlichst ersuchen wird, recht bald wieder ein Pasquill auf ihn zu schreiben. Lächelnd wirft er einen Blick hinab in den Abtritt, wo die sämmtlichen Herren sich in ihrem Elemente herumbalgen. (Der Vorhang fällt.)

Epi=

Epilogus.

(Von einem Kinde gehalten.)

Das alte Sprüchwort sagt deutlich und klar:
„Kinder und Narren reden wahr!"
Drum höret, ihr Narren! von Rechtswegen!
ich will euch ein Wort ans Herz legen.

Ihr seyd nun seit vielen Jahren,
über den guten Zimmermann hergefahren,
und habt ihn gescholten früh und spat,
wenn er kaum das Maul aufthat,
woltet ihm hier die Ehre abzwacken
und dort seinen guten Nahmen bekacken,
habt euch oft gar mächtig ereyfert,
seine Blumen mit eurem Gift begeyfert,
nach ihm gekrallt mit hungrigen Tatzen,
und wolltet dabey aus Neid zerplatzen,

Zwar euer Geschoß, und euren Gift,
Das allzumal wenig Schaden stift't,
Achtet er eben so wenig als Swift,
Da eine ganze Legion
mit Knüppeln über ihn herfiel,
wie ihr lesen mögt in der Meditation
über einen Besenstiel [1]).

Ihr sitzt im staubigen Trotzwinkel,
schwatzt viel von seinem Eigendünkel,
- und kräht doch selbst zu jeder Frist,

---

[1]) Von Jacobi im Museum.

wie

wie eine Henne auf ihrem Mist,
so oft sie ein Windey gelegt,
wornach in der Welt doch niemand frägt.

Eure großen Untersuchungen,
eure gewaltigen Auffklärungen,
die ihr ausposaunt mit mächtigen Lungen,
eure Jesuiten=Riecherey,
Das ist das große Windey,
worauf ihr euch viel gute thut,
ihr beissige, giftige Natterbrut.

Gutherzige Schaafe zu scheeren,
Eure hungrigen Bäuche zu nähren
Geht ihr von Haus zu Haus,
und breitet eure Privatmeynungen aus,
das nennt ihr aufflären.

Mit vergifteten Malayen Gewehr
fallet ihr über jeden her,
der nicht mit euch bläßt in ein Horn.
Darum hat im gerechten Zorn,
bekannt mit euern Satans Kniffen,
endlich Einer die Peitsche ergriffen,
und euch alle zusammen gehauen,
wie gar lustig hier anzuschauen.

Nun mögtet ihr toll werden, daß ihr nicht wißt,
wer dieser drollige Jemand ist,
mögtet ihn gern mit Füssen treten,
und durch euer Schimpfen tödten,

liesset

lieſſet in euren beiſſigen Journalen,
ihn gern das ganze Bad bezahlen,
weil er eure Ohren aufgedeckt,
die ihr unter der Löwenhaut verſteckt.

Aber bewegt und rührt nur nicht ſo
in euren Köpfen das Bischen Stroh,
der Jemand hält ſich incognito.
Er gehört auch nicht zu den großen Hänſen,
die am ſchriftſtelleriſchen Horizonte glänzen,
hat auſſer Viſitenkarten für Gaſſen und Straſſen
ſeinen Nahmen noch niemals drucken laſſen;
ſieht nicht die Perſon, ſondern die Sache an,
keunt weder euch, noch den braven Zimmermann,
den er liebt,
um des vielen Guten willen,
das er übt,
offentlich und im Stillen.

Da kount' er es nun nicht länger mit anſehn,
wie ſie tückiſch mit ihm zu Werke gehn,
wie ſie hier und dort ein Bein ihm ſtellen,
wie die Hunde den Moud anbellen,
wie ſie des Schimpfens ſich nicht entblöden,
und ſich geben gar viele Müh,
Alle Leute zu überreden,
ganz Deutſchland dächte ſo wie ſie.

Da hat er euch denn ſagen wollen,
ohne zu zittern vor eurem Augen=Rollen,
daß es der guten Menſchen gar viele giebt,

von

von denen Zimmermann wird geehrt und geliebt,
die nur nicht in die Welt hinein,
so laut wie ihr mögen sprudeln und schreyn;
die nicht so viel Grimassen machen,
nicht wie ihr die Welten bewegen,
sondern ihn lieben und über euch lachen,
Alles im Stillen von Rechtswegen.

Frisch auf! ihr beissiges Gesindel!
Packe nun ein Jeder sein Bündel,
und kehre wohlgemuth nach Haus,
denn die lustige Farce ist aus.

Die Peitsche wird hier an den Nagel gehängt,
und zuweilen mit Oel ein wenig eingesprengt,
damit sie fein geschmeidig bleibt,
wenn euch der Kitzel noch einmal treibt.
Dann holen wir sie wieder herunter,
und schwingen sie lustig, tapfer und munter!

Fußnote zum
‚Doctor Bahrdt mit der eisernen Stirn‘.

„Das Meteor seines Ruhmes, wie trüb an sich und aus wie unsauberen Nebeln zusammengeballt, ging dennoch durch einen außerordentlich weiten Horizont und wurde von seinen Zeit= genossen mit Furcht, zum Theil sogar mit Abscheu, aber dennoch immer mit ungewöhnlicher Aufmerksamkeit und Ausdauer ver= folgt,“ schrieb Robert Prutz von diesem Karl Friedrich Bahrdt, der das bestaunte Wunder und der permanente Skandal seiner Zeit war. Seine Carriere als orthodoxer Theologe Crusius’scher Richtung scheiterte in Leipziger Bordellen, die Klage gegen den niebezahlenden Stammgast erhoben. Worauf sich Bahrdt zur Aufklärung schlug, wobei ihm das Glück passierte, als Ver= breiter ketzerischer Ansichten eingesperrt zu werden, da er nicht, wie verlangt, widerrufen wollte. Sein Märtyrerthum verschaffte ihm die größte Popularität. Volksschichten, die sonst sich um nichts in der Literatur und gar in der Theologie kümmerten, lasen und bewunderten die Bahrdt’schen Schriften, Machwerke aus schlechter Gelehrsamkeit, persönlichster Flegelei und rüpel= haftem Deutsch. Die Literaturgeschichten resümieren ihn als ein verkommenes Subjekt, dem jeder sittliche Ernst gefehlt habe. Diese seine Unsittlichkeit ist in der That die einzige Qualität, die ihn merkwürdig macht. Er war ein Abenteurer nicht ohne

Genie, als Schriftsteller sogar einmal nicht ohne Talent, in seinen „Selbstbekenntnissen", die man mit einigen Kürzungen wohl neu edieren könnte, denn es stehen darin ganz ungewöhn= liche Dinge, die Ehestandsgeschichte, die Reise nach England zum Beispiel, mit einem Cynismus erzählt, dessen Sicherheit oft nicht ohne Größe ist. Wie das Ende dieses Mannes, da er nach dem letzten Versuch der ‚deutschen Union' — drei Mark Einschreibegebühr war die Hauptsache — eine Kneipe mit Mädchenbedienung aufmacht.

Bahrdt's Schriften füllen eine kleine Bibliothek; die Schriften für und gegen ihn eine zweite. Beider Haupttheil verdankt seine Existenz buchhändlerischer Spekulation; stand nur der Name Bahrdt auf dem Titelblatt, so war es ein sicheres Ge= schäft. Der Literaturstreit um Bahrdt ist eines der läppischsten Kapitel der an unverständlichen Albernheiten so reichen deutschen Gelehrtengeschichte. Der Aufwand, den man machen müßte, diese Angelegenheit dem heutigen Leser historisch darzustellen, fände kaum Lohn in dessen Dank. Wer sich dafür interessiert, findet, was er darüber wissen will, im siebenten Bande von Ersch und Grubers Encyklopädie und im fünften Bande von Hagenbach's Kirchengeschichte.

Was Kotzebue veranlaßte, für den von Bahrdt angegriffenen Herrn von Zimmermann mit einem Pamphlete einzutreten, auch dies zu erzählen, machte Weitläufigkeiten nötig, die durch Staub und Moder führen. Inneres Motiv war auch in diesem Falle die buchhändlerische Spekulation und eine willkommene Gelegen= heit, recht viel Unflat der eigenen Seele mit Behagen, aber doch unter der Mache der sittlichen Strenge, freizulassen. Für das, was sich ein Pamphletist gegen Bahrdt und in dieser Zeit leisten konnte, ist Kotzebue's „Schauspiel" ein Exempel, das auch ohne Kommentare deutlich genug sein dürfte. A. W. Schlegel sagt in der „Ehrenpforte" zu Kotzebue:

> Im Bahrdt warst du bemüht, den niedern Haufen
> Mit Zoten und Pasquillen zu erkaufen:
>   O Schand und Spott!
>   Du Sansculott!

F. B.

In einer Auflage von 650 Exemplaren gedruckt von der Spamerschen Buchdruckerei in Leipzig. 40 Exemplare wurden auf altes Bütten abgezogen, davon trägt dieses die Nummer 35.

CPSIA information can be obtained
at www.ICGtesting.com
Printed in the USA
BVHW041131051218
PP9444500001B/3/P